Collana della Fondazione per la Scuola
della Compagnia di San Paolo

LA SFIDA DELLA VALUTAZIONE

A CURA DI
NORBERTO BOTTANI E DANIELE CHECCHI

Saggi di Norberto Bottani, Eric Hanushek,
Andreas Schleicher, Maria Teresa Siniscalco,
Piero Cipollone, Luciano Abburrà, Daniele Checchi,
Olaf Koeller, Melania Rudin e Lucrezia Stellacci

SOCIETÀ EDITRICE IL MULINO

I lettori che desiderano informarsi sui libri e sull'insieme delle attività della Società editrice il Mulino possono consultare il sito Internet: **www.mulino.it**

ISBN 978-88-15-24075-0

INDICE

INTRODUZIONE

In apertura di questo volume, che raccoglie gli interventi del convegno «La sfida della valutazione», la Fondazione per la Scuola vuole lanciare una proposta che al tempo stesso è una sfida affinché il paese affronti convintamente il tema della valutazione.

Vi è una premessa indispensabile alla proposta. Quando abbiamo iniziato a pensare a questo convegno insieme a Piero Cipollone, Mimma Siniscalco, Luisa Ribolzi e Norberto Bottani, condividemmo come punto di partenza una comune convinzione e cioè che la valutazione non ha come scopo principale quello di far emergere le eccellenze.

Al contrario, il suo fine essenziale, nelle moderne democrazie fondate sull'eguaglianza sostanziale, è far emergere i punti critici e più deboli dell'apprendimento allo scopo di lavorare su di essi per innestare un percorso di miglioramento.

Le moderne democrazie fondate sull'eguaglianza sostanziale, infatti, non sposano l'ideologia della *meritocrazia*, che si traduce, nella scuola, nella politica, nell'industria e in ogni ambiente sociale e/o economico e/o civile, nel garantire sempre la sopravvivenza di una fascia di eccellenti, quale motore per lo sviluppo del paese. Le antiche società, anche quelle che noi definiremmo oggi «democratiche», come Atene, erano radicalmente oligarchiche e, dunque, inevitabilmente antiegualitarie. Lo stesso discorso vale per le società liberali ottocentesche, se vogliamo limitarci a richiamare esperienze di stampo occidentale.

L'introduzione è di Anna Maria Poggi.

Le moderne democrazie che risorgono dalle ceneri del post-guerre mondiali sono per loro stessa genesi «sociali» e, dunque, inesorabilmente egualitarie, nel senso che pongono a base del loro sviluppo l'idea di consentire ad ogni individuo tutti gli strumenti che possano permettergli di sviluppare la sua personalità in ogni campo. Queste, perciò, si fondano sul *merito*, sulla possibilità per ognuno di migliorarsi, per sé e per il bene di tutti. La nostra Costituzione, similmente alle Carte costituzionali della sua generazione, pone questi principi a fondamento della struttura sociale e politica. Il vero *frame* costituzionale è l'idea di una società che consenta ad ognuno di sviluppare i suoi talenti e, nel contempo, che chieda a tutti di farlo. L'emblema di questo modo di pensare è contenuto nell'art. 4, che disegna il lavoro come un «diritto» e come un «dovere», come un'attività materiale o spirituale.

Merito, dunque, e non meritocrazia. Merito, perché misurarsi serve per migliorarsi. In altri termini, la valutazione deve costituire un'opportunità. Come ci ha analiticamente dimostrato Cipollone, essa serve alle scuole per avviare un percorso.

Merito anche nella scuola, perché come ha recentemente e molto bene scritto Tito Boeri: «Chi non vuole misurare la qualità dell'istruzione non assegna alcuna importanza alla scuola».

Chi ha boicottato i test INVALSI nelle scuole, come pure i governi che non hanno sostenuto economicamente l'INVALSI, non assegnano alcuna importanza all'istruzione, perché non consentono agli studenti di misurarsi per migliorarsi.

Non assegnare importanza alla scuola vuol dire condannarsi a un destino di povertà, come ci ha dimostrato Hanushek con le sue indagini, da cui emerge una relazione stretta tra i risultati PISA (Programma per la valutazione internazionale degli studenti) e la crescita del Pil. Applicare gli esiti delle sue analisi al nostro paese vuol dire prendere coscienza del fatto che grazie ai nostri risultati perdiamo ogni anno 1,7 punti Pil.

Evidentemente, nonostante l'istituzione dell'INVALSI (per la verità recente rispetto alle esperienze di altri paesi) e nonostante la sua ultima autorevolissima presidenza, non vi è al momento nel nostro paese un quadro di riferimento istituzionale all'interno del quale la valutazione assuma il valore di perno del sistema scolastico, per i motivi e gli scopi che inizialmente si sono richiamati, e cioè il miglioramento dello stesso in funzione della realizzazione di una eguaglianza delle opportunità.

Credo che la stabilizzazione di un quadro istituzionale di tal genere richieda due condizioni imprescindibili.

La prima condizione è che la valutazione diventi un'«infrastruttura» del sistema, come in più occasioni hanno ben sostenuto e argomentato Daniele Checchi, Andrea Ichino e Giorgio Vittadini. Allo stesso modo dell'edilizia, delle autostrade e delle reti informatiche, la valutazione deve assumere la conformazione di un'infrastruttura.

Per un verso infrastruttura immateriale: deve diffondersi gradualmente, ma senza soluzione di continuità, l'idea che essa è fondativa del sistema scuola. Deve, in altri termini, essere superata una volta per tutte l'idea che essa si oppone all'autovalutazione o che, peggio ancora, risponda a valori diversi.

Per altro verso infrastruttura materiale: all'INVALSI vanno affiancati altri strumenti, ispettori, etc. Come ci ha autorevolmente e sulla scorta delle migliori esperienze internazionali ricordato Bottani: solo chi si serve di molti strumenti e di molti presidi tecnici può ragionevolmente sperare di avviare un serio percorso di valutazione.

La seconda condizione è che questa infrastruttura sia al servizio del paese. La valutazione non è uno strumento che i governi possono utilizzare a loro piacimento, ovvero pubblicizzando solo i dati che strumentalmente assecondino alcune politiche anziché altre. La valutazione è al servizio delle scuole, dei docenti, delle famiglie, degli studenti, degli studiosi, etc. Anche i commentatori che sono stati critici sulle modalità con cui vengono somministrati i test nelle scuole hanno per altro verso apertamente sostenuto la necessità di una valutazione terza e indipendente, perché solo con tali caratteristiche essa non è schiava di qualche logica corporativa ma realmente al servizio del paese.

Ancora Bottani ha opportunamente sostenuto che dei risultati della valutazione deve beneficiare tutta la collettività. Non sono accettabili le valutazioni per le quali alcune categorie sociali ci guadagnano e altre ci perdono. La valutazione deve servire a tutti quelli che si fanno misurare per migliorarsi, non per fare classifiche. In questo senso e all'interno di questa dimensione la valutazione è «democratica». La valutazione democratica è l'unica forma di valutazione seria, perché alla fine del percorso non ci sono categorie sociali che vincono e altre che perdono, ma tutte in qualche misura guadagnano sempre qualcosa.

La valutazione deve servire a tutti, e questo intendo quando dico che è un'infrastruttura del paese. Deve servire alle scuole per scoprire i propri punti deboli e migliorarsi, agli insegnanti per capire su cosa puntare per migliorare l'apprendimento degli studenti, alle famiglie per avere fiducia nel sistema scolastico e per potersi meglio orientare e anche alla politica per individuare le linee di sviluppo e le iniziative legislative, soprattutto per gli investimenti economici da fare.

Del resto a ben pensarci la mancanza di valutazione rafforza la discrezionalità della politica. Se manca la valutazione, se mancano gli esiti, la politica può fare qualunque cosa e noi non siamo in grado di dire e di percepire alcunché. Dovremmo volerla anche solo per questo motivo, per poter essere in grado di valutare noi la politica sulla valutazione democratica.

Alla luce di queste due condizioni e se davvero vogliamo andare nella direzione di fare della *valutazione una infrastruttura del paese*, credo che dovremmo coraggiosamente affermare che ciò oggi in Italia è possibile solo all'interno della *logica della sussidiarietà*.

La riforma della pubblica amministrazione delineata dal c.d. terzo decentramento del 1997 (la «legge Bassanini») ha aperto questa prospettiva come l'unica percorribile, in quanto unico grimaldello in grado di smantellare la logica burocratica e verticistica delle attuali amministrazioni statali.

Tutti i sistemi amministrativi che si sono realmente modernizzati hanno dovuto abbandonare la logica dell'organizzazione autoreferenziale e verticistica derivante dal modello napoleonico e importata nel nostro continente a inizio Ottocento. Si tratta di una logica secondo cui lo Stato tutto controlla e tutto gestisce perché unico soggetto in grado di garantire terzietà e imparzialità, oltre che efficienza.

L'esperienza di amministrazione statale del nostro paese (ma altrove non è differente) ci testimonia che questo modello è ormai superato. La sua arretratezza culturale si è manifestata indiscutibilmente con l'affermarsi dell'Unione europea: il venir meno delle barriere e l'affermarsi della libera circolazione di idee, persone, beni hanno mostrato i paragoni e messo alle corde le esperienze ancora arroccate sull'idea di pubblico come statale. È a tutti noto, del resto, che il principio di sussidiarietà è un principio che normativamente viene introdotto nel nostro Continente con il Trattato di Maastricht, e cioè con l'inizio del percorso di unificazione.

L'avvento della logica della sussidiarietà, dunque, smantella le organizzazioni verticistiche, burocratiche ed autoreferenziali, perché impone loro il paragone con una modalità diversa di gestione della cosa pubblica, che mette in primo piano il soddisfacimento dell'utenza, anziché il mantenimento della struttura.

Ma quali sono i soggetti che oggi in Italia potrebbero rappresentare la forma della sussidiarietà attraverso la quale l'infrastruttura della valutazione assume un governo economicamente più solido?

A me pare che questo soggetto possa essere quello delle Fondazioni bancarie. Esse da centinaia di anni operano secondo la logica della sussidiarietà, offrendo risorse al paese, senza aver bisogno di chiedere in cambio quote di potere politico.

Chiedono solo una cosa: vedere il ritorno dei loro investimenti, cosa che peraltro dovrebbe pretendere in primo luogo la politica.

Le Fondazioni bancarie potrebbero, in questo panorama, essere un soggetto che veramente sostiene l'infrastruttura della valutazione, e il primo investimento delle Fondazioni a sostegno del sistema della valutazione potrebbe riguardare proprio l'INVALSI, ad oggi l'unico perno di questo sistema.

La sua opera in questi anni è stata fondamentale per l'introduzione della cultura e della pratica della valutazione. Piero Cipollone ha ben descritto la diffusione di questa cultura e pratica nelle scuole italiane: l'INVALSI ha puntato sulla collaborazione, sulla fiducia, per segnalare il senso di un'operazione condivisa, chiedendo molto impegno agli insegnanti, che, nella stragrande maggioranza dei casi, hanno risposto con una generosità straordinaria.

Questo cammino non può interrompersi, pena il perire del sistema, come afferma Bottani. Tuttavia esso oggi rischia di interrompersi, perché da tempo l'INVALSI vive una situazione di transitorietà non solo legislativa ma soprattutto economica e strutturale. Di circa settanta dipendenti solo dodici sono a tempo indeterminato. Basta fare il confronto con l'Olanda (400 addetti, di cui 300 ricercatori assunti stabilmente) per capire che se permane questo sistema di investimenti economici e strutturali non c'è futuro né per l'INVALSI, né per la valutazione come infrastruttura.

Questa è la proposta che la Fondazione per la Scuola si sente di fare a questo paese, per il bene della scuola.

Vorrei chiudere con il nostro motto, che giustifica e sorregge la proposta: lavoriamo convintamente e continueremo a farlo sempre di più, con le scuole e per le scuole.

Capitolo primo

PERCHÉ VALUTARE? VALUTARE O PERIRE?

All'inizio di queste pagine, vorrei nuovamente ringraziare la Presidente della Fondazione e il comitato organizzativo per avermi dato l'incarico, un poco «avvelenato» a dire il vero, di aprire il convegno che ha celebrato il decennale della Fondazione per la Scuola della Compagnia di San Paolo.

Lo definisco «regalo avvelenato» perché il titolo che mi è stato imposto «Perché valutare?» sarebbe stato utile per persone alle quali si dovrebbe spiegare appunto perché valutare, ma quel tipo di pubblico non era presente in sala. Mi dovevo infatti rivolgere a un pubblico che in stragrande maggioranza era convinto che si deve valutare la scuola e concepire anche una valutazione degli studenti utile a valutare la scuola e, perché no, gli insegnanti e i dirigenti scolastici. Spesso si pensa assai meno alla valutazione dell'altro personale scolastico, per esempio i contabili o i capo-ufficio nelle sedi dell'amministrazione.

Poiché coloro che sono scettici, dubbiosi oppure contrari alle forme di valutazione esterna della scuola non erano presenti al convegno, il comitato organizzativo ha colto l'occasione per presentare argomenti che servono a convertire i miscredenti e gli agnostici. Sono in tanti e non sempre si trovano dalla parte del torto. La scienza della valutazione dei sistemi scolastici, delle scuole, degli insegnanti è relativamente giovane, è in piena evoluzione, non è perfetta. D'altra parte la valutazione non è soltanto una scienza; è anche un'arte, sollecita l'intuizione, doti diplomatiche, furbizia e altri doni che poco hanno a che

Questo capitolo è di Norberto Bottani.

fare con la scienza. Quale sia la parte dell'arte e quella della scienza è difficile dirlo.

Perché si deve valutare? Sembrerebbe ovvio, ma non lo è affatto. Per questa ragione ho inserito un sottotitolo «Valutare o perire?». Il sottotitolo mi è stato ispirato da un articolo pubblicato dal «Chronicle of Higher Education», il settimanale americano specializzato in politica universitaria, nel quale si tratta spesso di valutazione dell'università[1]. Ritengo che il dilemma «valutare o perire?» valga per tutto il sistema scolastico, per tutti i livelli d'insegnamento, per tutti i programmi scolastici. Non esiste però l'antinomia annunciata nel titolo dell'articolo. Il binomio non è esclusivo. Per esempio si può valutare e nonostante tutto perire, si può però anche valutare e non perire (questo sarebbe il caso migliore per noi), come si può non valutare e perire e infine non valutare e neppure perire (il caso ideale per l'opposizione alla valutazione). Solo nel 50% dei casi dunque la non valutazione è un problema pericoloso; nell'altro 50% dei casi la valutazione è certamente un fermento, uno stimolo, un aiuto, una medicina che aiuta a sopravvivere, a stare meglio. È attorno a questo concetto che si svilupperà, in parte, questo testo.

1. *Come si valuta?*

La posta in gioco non è la valutazione in sé e per sé, ma «come» si valuta, il modo di valutare, le procedure di valutazione. Questa è una questione scientifica e politica nel contempo. Siccome abbiamo come punto di riferimento politico le società democratiche, le valutazioni devono essere democratiche. Cosa ciò significa? Quali ne sono le implicazioni? Inoltre la valutazione ha una dimensione etica: la procedura e il modo di fare quando si

[1] *Student Learning: Measure or Perish*, 12 dicembre 2010, http://chronicle.com/article/Measure-or-Perish/125671/.

valuta non sono questioni banali, riguardano il bene e il male, il giusto e l'ingiusto, l'equo e l'iniquo, il corretto e lo scorretto. Ma non solo: le conseguenze delle valutazioni possono essere in certi casi drammatiche per le persone, come per esempio è successo e succede in certe valutazioni degli insegnanti, con adulti che perdono il posto, che possono essere licenziati a seguito di una pessima valutazione, magari a torto. Le valutazioni devono tenere conto di queste possibili conseguenze. Con la valutazione non si scherza.

2. *Qual è l'oggetto della valutazione di cui parliamo?*

Di che cosa stiamo parlando? È molto importante chiarire di cosa si tratta in questo volume, perché già questa è una questione fondamentale. Il convegno era imperniato sulla valutazione dei sistemi scolastici. Non ha affrontato quindi tutte le valutazioni. È stato concepito per sviscerare le componenti o le caratteristiche di un determinato tipo di valutazione, in particolare quella che si chiama anche «valutazione su larga scala» mediante il ricorso a prove strutturate e a questionari, che sono gli strumenti privilegiati di questo tipo di valutazione. Questo modulo, oggi molto in voga, ha caratteristiche e regole proprie che evolvono e sono messe a punto anno dopo anno dagli specialisti di questo tipo di valutazione.

L'oggetto in discussione è dunque la valutazione dei sistemi scolastici. Orbene, non è affatto semplice conoscere un sistema scolastico, perché un sistema scolastico è molto ampio. Va subito detto che un sistema scolastico non si riduce a quella parte che riguarda l'obbligo scolastico oppure all'insegnamento formale nelle scuole (anche se la maggior parte delle valutazioni su larga scala riguarda questi programmi) che si svolge nelle scuole, talora per una semplice ragione pratica: è infatti molto più facile e anche meno costoso gestire una valutazione dell'istruzione quando si hanno gli studenti sottomano, che non quando gli studenti sono liberi di andare e venire, di scegliere i corsi come succede nelle università, ed è ancora più difficile valutare gli adulti.

Dunque un primo problema da affrontare consiste nella delimitazione delle frontiere del sistema scolastico, perché i sistemi scolastici hanno frontiere che si espandono, sono sistemi a geometria variabile, che conquistano spazi. Non intendo fare un corso universitario su cosa sia un sistema scolastico, su cosa stia all'interno o all'esterno di queste frontiere, su quello che si può valutare con certe metodologie e certe procedure e ciò che invece non si può valutare perché le procedure sono state concepite per conoscere oggetti estranei ai sistemi scolastici (questo sarebbe ancora il caso più semplice, mentre invece si dibatte ancora per sapere se tutto quel che succede nelle scuole, tutto quanto concorre a impostare le attività scolastiche, sia valutabile o meno). Ad ogni modo dobbiamo precisare di che cosa si parla quando si accenna al sistema scolastico, quando si discute di valutare il sistema scolastico. Occorre cioè specificare quale parte del sistema scolastico, quale programma, quale attività viene valutata.

In questo volume comunque ci limiteremo a parlare del sistema scolastico come lo si intende di solito in Italia, ovverosia il sistema che comprende i programmi della scuola dell'obbligo e quelli dell'insegnamento secondario superiore, cioè una minima parte del sistema scolastico, o di ciò che corrisponde all'*education system*, che è di per sé qualcosa d'altro, poiché comprende sia l'istruzione formale istituzionale sia l'istruzione non formale, come per esempio quella a scopi lucrativi e quella non lucrativa, quella con finalità professionali e quella con finalità non professionali. Quindi si deve essere cauti nell'interpretazione dei dati. Non si può infatti estrapolare da una valutazione parziale, che riguarda un settore del sistema scolastico, un giudizio sull'insieme del sistema scolastico. Lo scopo del volume non mira a chiarire le modalità valutative per giudicare la qualità globale del sistema scolastico. L'obiettivo è più modesto ancorché per nulla semplice: si tratta di discutere della pertinenza delle valutazioni dell'istruzione di base.

In questo capitolo si farà riferimento soltanto alla valutazione di carattere generale e non a quella di settori specifici (per esempio l'istruzione dei disabili o l'educazione multiculturale) o di aspetti parziali del sistema scolastico (una classe, un corso, una scuola, gli insegnanti). Escludo anche l'educazione pre-scolastica, quella che in Italia si chiama scuola dell'infanzia – termine che detesto, perché l'educazione pre-scolastica è una cosa e la scuola dell'infanzia un'altra. Mi concentrerò dunque sull'istruzione obbligatoria formale e sulle valutazioni su larga scala di questo complesso e non di altro. La valutazione dei sistemi scolastici mira a verificare se programmi e politiche scolastiche rispettano i criteri necessari per conseguire gli obiettivi del sistema scolastico, e soprattutto se questi obiettivi sono conseguiti, e tenta di fornire una spiegazione razionale, empirica, controllata e verificata dei fallimenti o dei successi dell'istruzione obbligatoria.

3. *Bando all'improvvisazione e al dilettantismo nella valutazione*

Vorrei precisare che con la valutazione non si scherza: questo è un altro concetto sul quale occorre insistere, perché molti insegnanti e molti pedagogisti ritengono che tutti possano valutare, nonostante gli avvertimenti che provengono dalla docimologia. La scienza della valutazione da quasi un secolo attira l'attenzione sulla parzialità delle valutazioni dei professori e degli insegnanti. La valutazione non è a portata di mano, anche la valutazione di una classe o di una scuola. Sovente mi capita di constatare nei media, e purtroppo anche nei siti riservati agli insegnanti, come si tratta alla leggera la valutazione, come se ne parla a vanvera senza conoscerne le implicazioni e le caratteristiche, in modo molto pregiudiziale. Non si può trattare con leggerezza la valutazione, in primo luogo perché la valutazione è un concetto polisemico, complesso. Ci sono differenti tipi di valutazione. Non esiste una sola impostazione della «valutazione», ce ne sono invece tante possibili e ognuna ha i suoi pregi e difetti. La cosa è talmente vera che, alcuni mesi fa, due autori italiani, di cui uno presente al convegno, su un mensile italiano, «L'indice dei libri», hanno scritto un articolo proponendo di non utilizzare più il concetto di valutazione e di sostituirlo con l'acronimo «Magistre», che sta per «Misurare, Giudicare, Spiegare, Ricercare», proprio per evitare le confusioni, le difficoltà, le premesse che si impongono per definire cos'è la valutazione[2]. E questo la dice lunga sulla mancanza di chiarezza attorno a questo concetto.

La prima cosa da tenere presente dunque è la natura polisemica del concetto di valutazione. Ci sono moltissimi approcci alla valutazione: un approccio su larga scala, empirico, matematico, statistico, noto quasi a tutti, che però non è la sola forma di valutazione, nonché altri approcci, come per esempio le interviste di attori coinvolti in esperienze specifiche, quali l'adozione di nuove tecnologie nelle scuole, oppure, questione ben nota in Italia, la valutazione della reputazione degli insegnanti. Non tutte le valutazioni si servono di test o di questionari. Occorre perciò distinguere tra le valutazioni e quindi, quando si parla di valutazione, bisognerebbe chiedere di cosa si parla, con che tipo di valutazione si ha a che fare, prima di gettare l'anatema contro la valutazione in genere. Tra l'altro nella scuola tutti valutano. La scuola è un grande «valutificio» e non è detto che le valutazioni peggiori siano quelle che si vorrebbero bandire o che sono oggetto di accuse furibonde, di boicottaggi e ostracismo[3].

[2] A. Martini e B. Romano, *Magistre: parlare di valutazione senza creare confusione. L'Indice della scuola*, in «Indice dei libri», n. 12, p. II.

[3] È interessante osservare che in certi sistemi scolastici per uscire da questo ginepraio si propone l'abrogazione dei voti dati dagli insegnanti, oppure si propongono varianti non numeriche dei voti degli insegnanti.

4. *Con la valutazione non si scherza*

Il secondo punto da considerare è un allarme: tutte le valutazioni sono zeppe di insidie, di tranelli, ed è facilissimo sbagliarsi. Il margine d'errore è presente ovunque e non è un caso che nelle buone valutazioni si calcoli anche il margine di errore connesso ai punteggi misurati con procedure statistiche. Per esempio in talune valutazioni del valore aggiunto il margine d'errore può essere assai importante, tale da rendere poco attendibili i risultati.

Siccome poi le valutazioni possono indurre gravi conseguenze per i soggetti valutati, è bene essere cauti e prudenti quando si hanno in mano i risultati di qualsiasi valutazione. Tutta la procedura seguita per valutare va passata al vaglio di un esame rigoroso. Con la valutazione non si scherza, ogni valutazione ricorre a molteplici strumenti: test, questionari, rendiconti, statistiche, interviste. Per valutare bene è indispensabile padroneggiare questi strumenti, sapere costruirli. La stragrande maggioranza dei professori e degli insegnanti non possiede queste competenze.

La messa a punto degli strumenti di valutazione di tipo empirico usati nelle analisi sistemiche (test e questionari), che sono un tipo di valutazione, esige una lunga preparazione. Non si improvvisa una valutazione su larga scala. Per un test nazionale o internazionale su vasta scala si ritiene occorrano almeno due anni di preparazione. Gli strumenti che si utilizzano in una valutazione – per esempio i questionari e i test – devono essere verificati e convalidati. Non si possono né copiare né riprodurre tali e quali. L'adozione di questi strumenti dunque esige professionalità, non è un'azione alla portata di qualsiasi dilettante e neppure degli insegnanti più competenti. Per svolgere questa preparazione occorrono competenze apposite, si devono anticipare le deformazioni, ponderare le risposte, identificare in anticipo le deviazioni che ostacoleranno le analisi e le potranno deformare. In altri termini, non ci si improvvisa valutatori, bisogna apprendere il mestiere di valutare. Questo è un punto che sovente ci si scorda di ribadire, soprattutto quando si lascia credere agli insegnanti che possono servirsi di un test a loro guisa, pescare a casaccio domande in un archivio di test e costruire un test senza conoscere le regole che lo convalidano, far credere di potere valutare empiricamente gli apprendimenti in classe, il proprio lavoro, senza una preparazione apposita. Si possono modificare le modalità di valutazione in classe (fin quando ci saranno le classi composte come lo sono ora, beninteso), ma per giungere a questo punto si devono formare gli insegnanti e oggigiorno la stragrande maggioranza degli insegnanti non è affatto formata per svolgere queste valutazioni e non è neppure pronta a capire come si costruiscono le valutazioni e quali ne sono i limiti, le imperfezioni, con un duplice risultato: si nutre una fiducia entusiastica nella valutazione empirica oppure la si combatte con argomenti dottrinali e con pregiudizi. Né l'una né l'altra attitudine è corretta. Ecco perché si deve valutare, ecco perché si può anche perire di valutazione, quando questa è fatta da persone incompetenti e non preparate.

5. *L'interesse odierno per la valutazione*

Perché oggigiorno si parla così tanto di valutazione dei sistemi scolastici? Perché la valutazione dei sistemi scolastici è così popolare? Gatta ci cova! Non è sempre stato così. Per decenni si sono svolte nella più totale indifferenza valutazioni apprezzabili dei sistemi scolastici. D'un tratto, almeno in apparenza, la musica è cambiata e dal 2000 in poi non si fa che parlare di valutazione dei sistemi scolastici. Dieci anni fa circa si tenne a Torino un incontro con il gruppo di ricercatori che dirigevo a Ginevra per presentare la prima indagine PISA. Si trattava di spiegare come una regione potesse trarre beneficio da un'indagine internazionale. La questione non è affatto banale, perché le indagini internazionali non sono concepite per valutare i sistemi scolastici regionali. In Italia l'indagine PISA era una novità, anche se l'Italia aveva partecipato a numerose indagini internazionali dell'IEA (International Association for the Evaluation, cioè l'Associazione internazionale per la valutazione dei risultati scolastici) prima ancora che ci fosse l'INVALSI, grazie all'impegno di una sparuta pattuglia di valutatori guidata da Aldo Visalberghi al Centro Europeo dell'Educazione a Villa Falconieri a Frascati (CEDE). Ma pochi erano al corrente di queste indagini. Invece, di colpo, con l'indagine PISA dell'Ocse svoltasi per la prima volta nel 2000 la situazione è cambiata di punto in bianco. Da alcuni anni anche in Italia si presta attenzione ai risultati delle valutazioni internazionali e si usano queste valutazioni come surrogato per apprezzare lo stato del sistema scolastico nazionale in mancanza di altre valutazioni[4]. I media ne parlano a modo loro e la classe politica è al corrente di quel che succede e soprattutto dei risultati per nulla brillanti, comparati sul piano internazionale, dei quindicenni italiani (l'indagine PISA dell'Ocse riguarda infatti i quindicenni, indipendentemente dalla classe che frequentano). C'è un interesse per la valutazione del sistema scolastico, come c'è in Francia, in Germania, in Inghilterra, in Canada e un po' ovunque. Quali sono le ragioni di questo interesse? Perdurerà o scomparirà? Siamo di fronte ad una moda passeggera, di corta durata, oppure è qualcosa di più serio, che resisterà e che modellerà le politiche scolastiche dei prossimi anni, almeno fino a quando esisteranno i sistemi scolastici attuali con il loro impianto burocratico e le loro regole di funzionamento?

6. *Perché tanto interesse per la valutazione dei sistemi scolastici?*

Due ragioni meritano di essere evocate per spiegare la ragione dell'interesse per la valutazione dei sistemi scola-

[4] Soltanto da pochi anni a questa parte in Italia ai svolgono valutazioni nazionali, concepite in Italia, per misurare specificità del sistema scolastico italiano. Si tratta delle prove di Stato messe a punto dall'INVALSI. Questa è senz'altro una buona ricaduta del successo delle valutazioni internazionali. Si è cioè capito che occorrevano prove calibrate in funzione delle specificità del sistema scolastico nazionale.

stici, interesse che è sì esploso subitaneo in quest'ultimo decennio ma che è maturato nel tempo, covato negli interstizi delle trasformazioni sociali, economiche, culturali e politiche che hanno caratterizzato gli ultimi decenni del ventesimo secolo: una è collegata all'evoluzione della società postmoderna e la seconda invece è più prettamente pedagogica, connessa alla crisi dei sistemi scolastici.

La società postmoderna è caratterizzata dall'abbondanza di prodotti. Questa diversità costringe a scegliere. Per esempio, quando qualcuno di noi vuole acquistare un'automobile, ha di fronte a sé una scelta enorme di modelli e quindi si informa, compara le informazioni sui prodotti e poi sceglie. Talora, prima di scegliere, dopo la comparazione, si serve di valutazioni che vengono svolte sia dai consumatori sia dai produttori, ossia dalle ditte automobilistiche. Ho acquistato una Renault invece che una Mazda che mi interessava perché alla valutazione comparata dei crash il risultato finale era favorevole alla Renault. Ho creduto a quella valutazione. Non sono sicuro se quella valutazione sia stata fatta bene, se fosse corretta, però mi è servita per effettuare una scelta. Sarei stato in difficoltà se non avessi avuto quell'informazione e, in secondo luogo, non avrei assolutamente gradito il fatto di non poter scegliere. Nella società postmoderna la valutazione dunque serve a scegliere un prodotto, qualsiasi prodotto che esiste in abbondanza, come i televisori, gli aspirapolvere, i frigoriferi, i vini o i formaggi e, *dulcis in fundo*, anche le scuole. Per inerzia si comparano i sistemi scolastici, anche se non si possono scegliere, ma si può decidere se imitare o meno un sistema scolastico, oppure se copiarne uno che riesce meglio dal punto di vista dei costi a prestazioni uguali, oppure che ottiene risultati migliori a costi inferiori. Il mondo dell'istruzione è diventato un mercato nel quale si comparano i prodotti prima di comperarli.

Il successo della valutazione è certamente collegato a questa tendenza delle società postmoderne, impostate attorno alla scelta e alla pubblicità. I cittadini-consumatori della società mercantile sono invitati a scegliere. A loro sono offerti banchi interi di prodotti tra i quali scegliere. Come scegliere? Usando le valutazioni. La presenza di valutazioni a monte, dietro le quinte, tranquillizza, è anzi indispensabile, funziona come un analgesico. La pubblicità vende i risultati delle valutazioni, che servono per credere che si è scelto bene, che si sono spesi i propri soldi, in modo razionale, nel miglior modo possibile, tenendo conto di tutti i parametri che contano per chi sta per comperare. La valutazione dà l'illusione di una buona scelta, che la scelta fatta è stata giusta perché è convalidata da prove, anche se le prove non si verificano e anche se non si conosce la pertinenza e la validità delle prove. Per farlo si dovrebbe disporre di altre informazioni, conoscere le procedure dei test e gli strumenti usati per i test e per analizzare i risultati. Dopo tutto, ognuno presta una fiducia cieca alle prove fornite. Poco importa da dove provengano e chi le produce. L'esistenza delle prove tranquillizza. Per avere le prove, si valuta. A questo scopo basta un buon istituto di valutazione.

Un'altra condizione che favorisce l'interesse per la valutazione dei sistemi scolastici è di natura pedagogica. Mi rifaccio qui ad un'osservazione fatta da due sociologi francesi, Marie Duru-Bellat e François Dubet[5], i quali hanno osservato che la valutazione dilaga in un contesto di crisi dell'educazione. L'educazione è diventata impotente. Ancora non molti decenni fa si era convinti che con l'educazione si potesse redimere gli uomini, l'umanità, migliorare la società, anzi educarla. Oggi non crediamo più a questo, non siamo più così ingenui, si hanno dubbi sull'utilità di questo strumento per salvare l'umanità o per migliorarla o, ancora, per trasformarla. La società è educata con altre tecniche di potere e non più dalla scuola e si ottengono risultati che non sono né migliori né peggiori. Tra l'altro non si crede più che esista un'educazione migliore di un'altra, che ci sia una buona educazione e una ca-

[5] F. Dubet e M. Duru-Bellat, *Les sociétés et leur école. Emprise du diplôme et cohésion sociale*, Paris, Seuil, 2010.

rente. Si ritiene piuttosto che ci siano molteplici modi di educare e che questi siano tra loro equivalenti. Occorre quindi scegliere l'impostazione o l'indirizzo educativo da seguire. Ed ecco riapparire sul proscenio la valutazione. A questo punto la valutazione diventa uno strumento importante per poter scegliere il tipo di educazione che si addice maggiormente a una certa circostanza, che sia più appropriato, convincente e adeguato, che tenga conto delle risorse, delle competenze, delle qualità che si vorrebbero promuovere. Da qui l'interesse per la valutazione a tutti i livelli. Gli obiettivi, i risultati diventano persino secondari al cospetto delle procedure e delle risorse per conseguirli. La valutazione si complica.

7. *La politica si interessa alla valutazione dei sistemi scolastici e la finanzia*

Immersa nell'universo modellato dalle società postmoderne, dalla loro economia e dalla loro cultura, la valutazione diventa un ingrediente quasi «naturale», una componente del paesaggio socio-politico. Perché i governi riservano un grande interesse alla valutazione dei sistemi scolastici, la promuovono e la finanziano? La risposta sembra ovvia. I centri di potere si impossessano della valutazione dei sistemi scolastici, nel senso che la richiedono e la promuovono, perché possono servirsene. La valutazione è uno strumento di potere. Occorre quindi porre una domanda molto inopportuna per certi aspetti, ma alquanto salutare: che uso si può fare della valutazione sul piano politico?

Non dobbiamo essere ingenui al punto di rifiutare questa questione: la valutazione serve al potere. Ne abbiamo un caso esemplare in Italia. Non solo per il programma di lavoro imposto all'INVALSI, ossia all'Istituto nazionale di valutazione del sistema d'istruzione, ma anche per lo statuto dell'Istituto, per nulla indipendente dal ministero, nemmeno dal punto di vista finanziario. L'INVALSI è imbavagliato, proprio perché il potere politico intende servirsene, e non solo controllarlo. Ovunque del resto esiste un connubio piuttosto vizioso tra potere politico e valutazione della scuola, anche laddove si è alquanto scrupolosi a questo riguardo. Per esempio negli Stati Uniti, il NAEP (*National Assessment of Educational Progress*)[6], che è la valutazione storica del sistema scolastico americano e un modello per qualsiasi valutazione dei sistemi scolastici, è un'imbricazione tra potere politico e ambienti scientifici. Si può giustificare quest'amalgama come un effetto benefico sia per la politica, che impara a conoscere meglio la scuola, sia per la ricerca valutativa, che è resa attenta su questioni che potrebbe trascurare. Invece di effettuare valutazioni a casaccio, si impostano valutazioni mirate, in funzione di interessi e di problemi reali espressi dai responsabili politici. Ovviamente questo connubio funziona soprattutto nelle società in cui l'educazione conta, in cui è un fattore importante, è una priorità per la politica. Questo è il caso della Germania, della Gran Bretagna, degli Stati Uniti. In una società in cui l'educazione non conta molto, evidentemente la relazione fra politica e valutazione è molto più debole. L'utilità dello strumento valutativo come strumento di potere politico varia in funzione dell'importanza attribuita all'educazione in una società e varia anche in funzione dell'importanza attribuita al valore dei diplomi e dei livelli di istruzione in una società. Questa articolazione consente inoltre di mascherare gli obiettivi delle valutazioni con argomenti dall'aria inoppugnabile, come per esempio il miglioramento dell'insegnamento e della qualità dell'istruzione, un argomento che non si può contestare facilmente. Occorre infatti dapprima dimostrare che la valutazione non serve per conseguire questo obiettivo, si devono fornire prove al riguardo. Ce ne sono, e ce ne sono anche di quelle di segno contrario. In Italia l'interesse della politica per l'istruzione non è molto elevato,

[6] Si veda per esempio L.V. Jones e I. Olkin, *The Nation's Report Card: Evolution and Perspectives*, Bloomington, IN, Phi Delta Kappa Educational Foundation (in cooperation with the American Educational Research Association), 2004.

ma i lavori dell'INVALSI, i risultati dei quindicenni italiani nell'indagine PISA, le prove INVALSI negli esami di Stato attirano molta attenzione. Come mai? Cosa sta succedendo in questo paese e nel sistema scolastico italiano? A prima vista questa situazione è contraddittoria, ma la si può spiegare assai facilmente.

8. *La valutazione dei sistemi scolastici è una tecnica di potere politico*

Per spiegare l'arcano occorre prestare attenzione all'uso che la politica può fare della valutazione, soprattutto quando la politica, come è il caso di questi tempi, presta molta attenzione alla valutazione dei sistemi scolastici (non è sempre stato il caso).

Tre ragioni concorrono a suscitare l'interesse dei dirigenti politici e delle maggioranze politiche per la valutazione scolastica:

1. nei periodi di crisi economica la valutazione dei sistemi scolastici è allettante, perché si può usare per trovare un capro espiatorio della crisi. In questo caso si imputa al sistema scolastico la responsabilità della crisi. La valutazione trasferisce la colpa del dissesto dalla politica alla scuola. Si addebita al sistema scolastico la colpa di essere incapace di formare persone adatte per svolgere le funzioni che sarebbero necessarie per uscire dalla crisi;

2. nei periodi di benessere, la valutazione dei sistemi scolastici può trasformarsi in un titolo di gloria. La classe politica sarebbe in grado di dimostrare la propria bravura con il caso specifico della gestione della scuola. La classe dirigente, la maggioranza politica al potere, si attribuisce tutti i meriti del successo scolastico, che viene presentato come la premessa del benessere economico. Le risorse scorrono abbondanti verso la scuola, l'espansione del sistema scolastico si intensifica e ciò facendo si acquisiscono ampi consensi politici e si rafforza la base elettorale. L'apparato scolastico è uno strumento favoloso di raccolta di consensi;

3. nei periodi di malcontento sociale e di crisi economica, come è il caso tuttora, la valutazione del sistema scolastico serve per ricuperare la fiducia dei cittadini e del mondo economico, ossia serve per non perdere consensi. Si impostano valutazioni proprio per dare l'illusione o per far credere che la classe politica è sempre al comando e tiene bene in mano il timone che permette di guidare il sistema scolastico. In altri termini, la valutazione consente di dimostrare che si è capaci di reperire le cause del disagio socio-economico e culturale, nonché di scovare le soluzioni per ridurlo.

Mi sembra che in Italia ci sia convergenza o sovrapposizione tra il punto 1 e il punto 3.

9. *La valutazione dei sistemi scolastici non è solo un'operazione scientifica*

La valutazione su vasta scala di un sistema scolastico è dunque anche un'operazione politica. Da questo punto di vista si può affermare che nessuna valutazione scolastica è di per sé neutra, indipendentemente dal modo con il quale la si effettua. Non essere neutra non significa essere sbagliata. Qualsiasi tipo di valutazione riflette il punto di vista dei valutatori, le loro scelte, i loro indirizzi pedagogici e anche i loro interessi più smaccati. Talora, purtroppo, anche la loro corruzione. Non basta impostare la valutazione dei sistemi scolastici con criteri scientifici che rispettano standard rigorosi di qualità per sostenere che la valutazione è oggettiva, giusta, inoppugnabile. Ogni valutazione coinvolge i valutatori in prima persona. Mette in gioco i loro valori e la loro concezione della scuola. L'impostazione di una valutazione esprime dunque i valori impliciti, le opzioni, le preferenze, di chi la compie e di chi la ordina. Le valutazioni servono soprattutto se fatte bene. Ma cosa si intende per «servono»?

L'impostazione di una valutazione richiede negoziati più o meno prolungati con tutte le parti in causa. Questa è la premessa perché una valutazione riesca, per evitare noie, per realizzare un consenso attorno a scelte che sono necessariamente arbitrarie. Per esempio la decisione dell'Ocse di effettuare l'indagine PISA sui quindicenni a scuola, indipendentemente dalle classi frequentate, non solo è stata una novità nel panorama delle valutazioni internazionali comparate su vasta scala, ma è stata una decisione consensuale, alla quale si è giunti dopo discussioni preliminari su vantaggi e svantaggi di un'opzione piuttosto che di un'altra. Si sarebbe potuto optare per una valutazione di tutti gli allievi frequentanti una determinata classe, per esempio la classe equivalente al primo anno del biennio in Italia, indipendentemente dall'età degli studenti.

È quindi basilare che le parti concordino almeno sul fatto che l'insieme degli attori coinvolti nella valutazione, ossia i valutatori come pure i valutandi, traggano un beneficio per sé dalla valutazione. A questo riguardo esiste una regola d'oro: l'interesse di un singolo gruppo non deve prevalere sull'interesse generale. A qualche soggetto potrebbero anche non piacere i risultati della valutazione, ma questa non è una ragione sufficiente per boicottarla. Moltissimi esempi illustrano i benefici delle valutazioni sul miglioramento delle scuole, dell'insegnamento e del profitto scolastico. Il caso più celebre a livello nazionale è l'evoluzione dei risultati delle scuole inglesi tra il 1997 e il 2005, o quello delle scuole tedesche dopo il 2003, oppure i progressi conseguiti dal 2001 al 2007 negli Stati Uniti con la legge federale *No Child Left Behind* (NCLB)[7].

Le valutazioni non generano automaticamente miglioramento. Sono uno strumento che può essere usato bene, male o essere del tutto eluso. L'utilità di una valutazione è condizionata dalla sua impostazione e dalle modalità con le quali è condotta.

[7] Si veda per esempio la ricerca di Mark Schneider, *The Accountability Plateau*, www.oxydiane.net/politiche-scolastiche-politiques/article/capolinea-per-l-accountability-e.

10. *La comparabilità e la valutazione dei sistemi scolastici*

La comparabilità dei sistemi scolastici è un'arma fatale per la politica scolastica. I dirigenti politici e quelli scolastici si aspettano indicazioni dalle comparazioni internazionali, rese possibili dalle classifiche prodotte dalle indagini internazionali, che valutano i risultati degli apprendimenti o della *literacy* degli studenti. Per esempio gli Stati Uniti sono ossessionati dalle comparazioni con il Giappone, con la Cina e ora con l'Europa. Vogliono restare il primo paese al mondo, il migliore, dal punto di vista scolastico e scoprono che non lo sono più. «La nazione è in pericolo» si è affermato[8], e allora si stanziano somme colossali per riformare la scuola e si versano fondi cospicui per verificare, con confronti internazionali, se le riforme producono un effetto o meno. La comparabilità è diventata un principio metodologico che modella le valutazioni dei sistemi scolastici sia a livello internazionale sia nazionale (per esempio in Italia la comparazione tra macro-aree geografiche oppure tra regioni), ma la comparazione ha un prezzo e richiede tecniche apposite di elaborazione degli strumenti di valutazione, che rappresentano una manna per i valutatori.

10.1. *Perché si compara?*

La valutazione dei sistemi scolastici è uno strumento di comparazione nonostante il parere contrario dei comparativisti della vecchia scuola dell'educazione comparata (per esempio questa è la tesi di Robert Cowen dell'Istituto dell'educazione dell'Università di Londra)[9]. Abbiamo

[8] National Commission on Excellence in Education, *A Nation at Risk: The Imperative for Educational Reform*, Washington D.C., April 1983.

[9] Si vedano svariati saggi nella pubblicazione che raccoglie gli atti del convegno organizzato dalla Società europea di educazione comparata (CESE) svoltosi alle Isole Canarie nel 2009.

già indicato tra le ragioni che incitano a valutare i sistemi scolastici l'argomento della comparazione. Si compara per vendere meglio oppure per scegliere il prodotto che conviene. Perché oggi i governi e le famiglie sono attratti dalla valutazione dei sistemi scolastici? Perché l'istruzione è diventata un mercato? Non sarebbe possibile, poiché i sistemi scolastici nella maggioranza dei casi sono un monopolio degli Stati[10]. Possiamo elencare per sommi capi alcune ragioni che concorrono a svolgere comparazioni tra i sistemi scolastici e quindi a effettuare valutazioni su larga scala:

a) facilitare le scelte educative: l'argomento è valido solo in parte a livello nazionale, ma conta per le politiche scolastiche. Le autorità che detengono il monopolio scolastico possono sfruttare le comparazioni per impostare o imporre riforme scolastiche;

b) soddisfare il libero mercato, la concorrenza tra scuole: anche in questo caso a livello internazionale l'argomento non è molto adatto, ma permette di offrire indicazioni a chi lotta contro il monopolio di Stato nell'istruzione oppure a chi lo difende, raccogliendo prove comparate della validità dell'una o dell'altra opzione;

c) promuovere competizione tra scuole: si ritiene che se si rompe il monopolio di Stato e si autorizzano le scuole a competere tra loro per attirare i migliori allievi oppure per raggiungere una soglia minima di studenti iscritti, la qualità dell'istruzione migliori. La comparazione a livello internazionale dei sistemi scolastici non è l'arma migliore per far valere quest'argomento;

d) migliorare le prestazioni dei sistemi scolastici dopo avere reperito i sistemi scolastici più efficaci ed efficienti, ossia per copiare. Questo è quanto successo in modo caricaturale quasi nei paesi dell'Ocse dopo avere constatato che gli studenti quindicenni finlandesi a più riprese si

[10] Ci sono nondimeno eccezioni notevoli, come nel caso del Belgio, dell'Olanda e, in parte, della Francia e della Spagna. L'Italia invece non fa eccezione. La scuola paritaria copre una proporzione esigua del fabbisogno scolastico.

sono rivelati, in media, tra i migliori nella serie di indagini PISA tra il 2000 e il 2009. Però è difficile copiare un sistema sociale. Questa è anche la ragione che ha incitato la IEA a rendere permanente l'indagine TIMSS (*Third International Mathematic and Sciences Survey*) del 1994-1995, che era stata impostata per fare degli Stati Uniti il primo paese al mondo, scolasticamente, nella cultura matematica e scientifica, obiettivo fallito in modo grottesco in seguito;

e) identificare punti di forza e punti deboli del servizio scolastico? Quindi per pilotarlo meglio? Certamente. Questo è un argomento valido;

f) reperire i programmi che permettono di conseguire i risultati auspicati? Anche quest'argomento può essere invocato;

g) evidenziare gli interessi del gruppo di riferimento della valutazione? È un po' difficile farlo per via dell'opacità delle informazioni, ma l'argomento è pertinente.

11. *La prova del nove della valutazione dei sistemi scolastici: fornire prove apparentemente inoppugnabili*

Le valutazioni forniscono evidenze, documentano lo stato di un sistema scolastico. Per questa ragione sono imprescindibili, anche perché invogliano a dibattere, a discutere la pertinenza delle prove. Siccome le valutazioni non sono neutre, le prove addotte si possono e si debbono discutere, criticare. Per evitare questa tappa le valutazioni ricorrono sempre più alle statistiche, anzi a procedure numeriche elaborate.

I risultati dei punteggi nei test appaiono come evidenze inequivocabili e certe, hanno l'apparenza di una razionalità indiscutibile. Quindi sarebbero convincenti di per sé, ma non è così. Per quanti sforzi si facciano nessuna valutazione è inoppugnabilmente oggettiva. È duro ammetterlo, per tutti, sia per i valutatori che per gran parte del pubblico, dai media ai responsabili politici.

Le valutazioni dei sistemi scolastici in teoria dovrebbero servire per informare l'opinione pubblica e la cittadinanza in genere, ma in realtà le analisi sono pensate e svolte per pubblici particolari, prevalentemente quello dei dirigenti e degli economisti, che sono oggigiorno i fruitori principali delle valutazioni dei sistemi scolastici. Tanto più una valutazione è tecnica e quantitativa, tanto meno un pubblico non iniziato può capirla e discuterla. La tecnicità dei risultati rende in apparenza, almeno per una gran parte del pubblico, le prove delle valutazioni ancor più indiscutibili.

12. *Principi per una valutazione democratica e progressista*

Questo aspetto è cruciale, ma è trascurato sia dalla stragrande maggioranza dei valutatori che degli analisti. Ne ha invece parlato con grande rigore Ernest House in un volume di parecchi decenni fa, nel quale sintetizza le sue esperienze come valutatore[11]:

– *l'uguaglianza nelle scelte*: tutti devono avere le stesse possibilità di scelta (volerla, non volerla, tipo di impostazione, modalità di diffusione dei risultati, ecc.) di fronte alla valutazione e quindi tutti devono partecipare alla discussione sull'utilità della valutazione e sulla natura e sull'uso dei risultati, anche i più sprovveduti, i meno istruiti e gli insegnanti;

– *trasparenza*: gli obiettivi e le modalità della diffusione dei risultati e delle analisi devono essere chiariti, ossia spiegati e discussi in partenza con tutte le parti in causa, prima di impostare la valutazione. Chi informare e come? Cosa fare con i risultati?

– *promuovere l'interesse della collettività*: i risultati della valutazione devono beneficiare tutta la collettività. Le valutazioni con le quali alcune categorie sociali ci guadagnano dal punto di vista delle opportunità educative mentre altre categorie sociali ci perdono non sono accet-

[11] E.R. House, *Evaluating with Validity*, New York, Sage Publications, 1980.

tabili. Questo è per esempio il caso di molte valutazioni sulla libertà di scelta della scuola;

– *promuovere gli interessi dei singoli*: la valutazione dovrebbe consentire a ognuno di soddisfare i propri desideri e aspirazioni. Non ci sono soluzioni educative ideali da imporre dall'alto, la cui validità e verità sarebbero confermate dalla valutazione e sarebbero universali. La valutazione deve limitarsi a fornire a tutti le informazioni del caso per scegliere l'istruzione adeguata.

Ogni valutazione di sistema deve comportare una *rendicontazione* di quanto si fa nei sistemi scolastici. Si potrebbe qui specificare che ogni valutazione dovrebbe rendere più trasparente il sistema scolastico. In una società pluralista e democratica la valutazione dovrebbe implicare il coinvolgimento, in un modo o in un altro, delle parti in causa, soprattutto di quelle più deboli, almeno nella messa a punto dell'impostazione della valutazione.

A scanso di equivoci va precisato che non è affatto semplice rispettare questi principi nelle valutazioni su larga scala, che richiedono un'organizzazione complessa per evitare «taroccamenti», manipolazioni indebite, falsificazioni. Il diavolo, è proprio il caso di dirlo, si nasconde dietro ogni angolo quando si ha a che fare con la valutazione. Uno degli errori maggiori è l'urgenza. Per valutare bene ci vuole tempo, occorre una lunga preparazione, molto tempo per discutere con tutti quelli che avranno a che fare con la valutazione, per mettere in chiaro quanto si vuole conseguire. Il prezzo che si paga è il ritardo nella pubblicazione dei dati: capita che i risultati delle valutazioni vengano resi noti quando è troppo tardi, quando non interessano più nessuno. Quindi l'impostazione delle valutazioni richiede un compromesso tra urgenza, rigore e partecipazione. Non si possono trascinare per decenni le valutazioni prima di rendere note le conclusioni, come è successo in certe indagini di grande qualità svolte dalla IEA (l'Associazione internazionale per la valutazione dei risultati scolastici ha detenuto il monopolio delle valutazioni su larga scala dal 1960 al 1990).

13. *Dalla concentrazione del potere alla distribuzione del potere*

La valutazione dei sistemi scolastici in futuro sarà pertinente se permetterà di passare dalla concentrazione del potere alla sua ripartizione. Questo significa che la valutazione di sistema è strettamente connessa alla riforma dei sistemi scolastici. La politica valutativa è spesso un caso lampante di concentrazione di potere. Come detto, la valutazione scolastica serve parecchio al potere politico, è usata per potenziare il potere scolastico ed è pertanto sostenuta e finanziata dai governi e dalle maggioranze al potere. D'altra parte la valutazione richiede risorse, esige il coinvolgimento di molti specialisti, la creazione di banche dati apposite e, infine, per essere comparata e svolta su vasta scala, implica la messa a punto di un'organizzazione logistica complessa. Per questa ragione le valutazioni su vasta scala sono spesso programmate, preparate e dirette da enti come l'INVALSI in Italia o la DEPP in Francia, che sono molto vicini al potere politico e all'amministrazione centrale dello Stato oppure che ne fanno parte. Questa prossimità può assicurare una gestione corretta ed efficiente della valutazione su larga scala, ma ciò non è affatto detto, soprattutto quando le autorità scolastiche centrali non rispettano l'autonomia scientifica ed etica degli enti che svolgono le valutazioni ed intervengono nelle valutazioni. Questo succede quando i governi e i ministeri che si occupano della scuola hanno obiettivi propri, come abbiamo visto in precedenza, e ricorrono alla valutazione per conseguirli. I governi pretendono di conoscere più e meglio di tutti l'interesse pubblico, ma ciò non è sempre vero! I governi spesso agiscono decidendo da soli quali sono i programmi scolastici migliori e sfruttano il rigore formale della scientificità dell'analisi sistemica per imporli. La valutazione democratica purtroppo è più lunga, più lenta, più costosa, più impegnativa per tutti. Ma è molto più onesta e precisa.

Nelle pagine successive, i contributi di Andreas Schleicher ed Eric Hanushek, rivestiti di una verniciatura statistica, matematica, numerica impeccabile, sono la prova di come si conducono e si analizzano i risultati di un certo tipo di valutazione dei sistemi scolastici a livello internazionale. Presentano argomenti convincenti, credibili. Non ci si deve però lasciare accecare dalla bellezza di queste operazioni oppure dalle previsioni avallate da calcoli molto raffinati. Con questo non si vuol dire che si debbano rifiutare le valutazioni dei sistemi scolastici, bensì che si deve passare sotto la lente ogni dettaglio, ogni affermazione, ogni passaggio, ogni elemento della procedura.

Dico questo perché sto diventando un fervente sostenitore delle valutazioni democratiche, dopo aver lavorato per più di vent'anni all'Ocse per fare valutazioni non democratiche, ossia per impostare valutazioni che spostavano l'ago della bilancia verso i centri di potere dell'amministrazione statale, mettendo con le spalle al muro le scuole, gli insegnanti.

Poco importa se tra dieci o vent'anni le scuole non saranno più come quelle odierne. Anche le valutazioni su larga scala dei sistemi scolastici non potranno più essere come quelle che si svolgono di questi tempi e il cambiamento non è frutto dell'adozione di nuove tecnologie per valutare. La valutazione democratica è un'operazione di diffusione del potere, di dissolvenza delle forti concentrazioni di potere che ancora governano le scuole. Le valutazioni su larga scala, ma direi anche qualsiasi tipo di valutazione, sono accettabili e vanno divulgate se consentono di potenziare le sfere che si occupano d'istruzione. Questo è il guado nel quale ci troviamo attualmente, nella storia dell'evoluzione della valutazione. La storia delle valutazioni su vasta scala dei sistemi scolastici non è finita, né metodologicamente, né scientificamente. Fin qui si sono compiute tante tappe, il perfezionamento è stato continuo, ma da un punto di vista metodologico c'è ancora moltissimo lavoro da svolgere.

Uno dei passi da compiere, un passo rischioso per chi ritiene che la valutazione sia uno strumento di potere e che usa la valutazione come una tecnica di potere, è la messa a punto di una valutazione democratica, la cui caratteristica consiste nel preservare il rigore scientifico delle prove combinandolo però con la dissoluzione della concentrazione di potere che caratterizza ancora le valutazioni odierne. Non sappiamo ancora come si passa da valutazioni decise, finanziate, orientate da finanziatori potenti, come lo sono i governi o le grandi fondazioni internazionali, a valutazioni democratiche, nelle quali, almeno per certi aspetti della procedura valutativa, anche i gruppi più deboli, la maggioranza silenziosa delle scuole, in gran parte composta da insegnanti, professori, personale Ata, genitori e studenti, abbia voce in capitolo, possa dire la sua, senza per questo bloccare o impedire la valutazione. Si tratta di realizzare un amalgama delicato tra rigore scientifico e «partecipazione popolare». È un passaggio difficilissimo da compiere, che fatalmente esigerà molto tempo e che sarà assai costoso, più di quanto costino le valutazioni odierne, ma si tratta di una sfida da raccogliere.

Alcuni anni fa, la Fondazione per la Scuola della Compagnia di San Paolo organizzò un convegno sulla scuola nel 2020: sarà come quella odierna, che stiamo valutando con operazioni vieppiù gigantesche, oppure sarà diversa? Se sarà diversa la si valuterà con gli strumenti di oggi oppure ce ne saranno altri? Se la scuola cambia, occorrerà modificare gli strumenti, concepire test e questionari di altro tipo, somministrarli con altre procedure e analizzarli con criteri di nuovo genere.

14. *Concludendo*

Qualsiasi tipo di valutazione pone problemi di gestione, di analisi, di divulgazione. Le valutazioni non vanno prese alla leggera e le analisi della valutazione non sono una verità infusa, per quanto rigorose possano essere le procedure di valutazione e perfezionati gli strumenti che si usano.

Nessuna valutazione in sé e per sé è perfetta. Tutte le valutazioni, anche quelle che apparentemente sembrano impeccabili, hanno i loro difetti. La valutazione del sistema scolastico non è una panacea, anche quando è condotta e decisa in modo democratico.

Il miglioramento del livello di istruzione non sarà mai dovuto alla valutazione, ma alle politiche scolastiche che vengono intraprese. Si possono effettuare tante valutazioni, ma se le informazioni che ne risultano non si traducono in proposte politiche adeguate, le valutazioni non servono a gran che. Le valutazioni possono essere buone, cattive, possono essere utilizzate, non utilizzate o eluse. La valutazione in sé e per sé non cambia un sistema, è la politica a cambiarlo, è la connessione tra la valutazione e l'apparato politico, è questa zona di frontiera, questo crinale che è molto delicato e pericoloso. Si tratta di un terreno infido, che deve essere conosciuto palmo per palmo.

Termino con un riferimento a Ernest House. Nei suoi testi ho trovato un'affermazione che mi sembra molto importante: la valutazione non può produrre soluzioni incontestabili, fornire risposte conclusive, chiudere la discussione, nonostante i dati certi, le statistiche impressionanti. Le valutazioni, soprattutto le valutazioni su vasta scala dei sistemi scolastici, possono però «fornire conclusioni credibili, plausibili e probabili». I risultati delle valutazioni forse non sono sicuri e certi come si tende a far credere, come possono sembrare, ma possono senz'altro essere utili.

Se una valutazione è fatta bene, fornisce giudizi «credibili, plausibili e probabili». Per questa ragione le valutazioni sono una base di discussione valida, pertinente, perché forniscono considerazioni ipotetiche. Questa dovrebbe essere una ragione sufficiente per giustificare ed effettuare le valutazioni del sistema scolastico.

CAPITOLO SECONDO

THE COST OF IGNORANCE

As many of you know, I have flown in from California in the United States. I am going to give you the bird's-eye view of the world, first starting with a 10,000 metre view of the world that you get from the airplane. I will then try to come down closer to Earth and to talk a little bit more about what the beginning view means for policies. I actually have three very simple things that I want to say.

The first thing I am going to say is that the quality of education is very valuable. Here I will try to put in some perspective what achievement and knowledge and skills of a population mean for the future of nations in general and specifically of Italy.

Secondly, I am going to say that as far as we know the quality of teachers is the most important aspect of schools. You can almost say it is the only thing that counts. There are subtle differences of interpretation, but what we know in research is that teacher quality that counts for huge differences in student achievement.

And thirdly, I am going to say (and here we start to get a little bit more controversial) that there are institutions and incentives that are the key policies that we are going to be able to employ to improve our teachers' quality.

The overall message is very easy to say: The rewards to improving our schools are very, very large, but the policies that are needed are politically difficult. Nonetheless, unless we want to continue facing economic difficulties, we have to change the direction of our schools in order to improve student outcomes.

Questo capitolo è di Eric Hanushek.

1. *Achievement and Growth*

Let me take our plane up to 10,000 metres. From here, I want to respond very forcefully to an argument that I hear often in the United States, namely, «while we do not do so well on PISA, it is not really that important; it does not really matter that we are not doing well». I hear that in the United States, and, to put it into perspective, the United States does slightly, but not enormously, better than Italy on these tests. So many of the things I say when addressing an audience in the United States are probably easily adapted to an Italian audience.

The message at this point is that complacency about performance on these examinations is badly wrong.

The picture that I want to use to make this point is found in figure 1. Looking at international test data, we obtain this simple graph. If you go along the horizontal axis, you get conditional test scores – I will explain conditional soon – and as you go along the vertical axis you get growth rates of countries. All of the entries in the figure indicate the location of countries going from Peru and South Africa and the Philippines at the bottom to Korea, Taiwan and Singapore up at the top. We can find the US somewhat above the line in the centre, and somewhere in the big knot of countries in the middle we will find Italy too.

The term «conditional» means that we adjust statistically for the starting level of country income. The graph shows the very simple statistical relationship between test scores of countries and growth rates *after* we allow for the income the countries started with. We have to allow for the fact that, if you start at a low level of GDP, it is easier to grow because all you have to do is copy everybody else. But, if you start at a higher level, you have to invent new things and so it is harder to grow.

The test scores I am showing are a composite of all the tests that any of these countries have taken between 1964 when the first international math test was given and 2003 which is at the end of our growth period. I

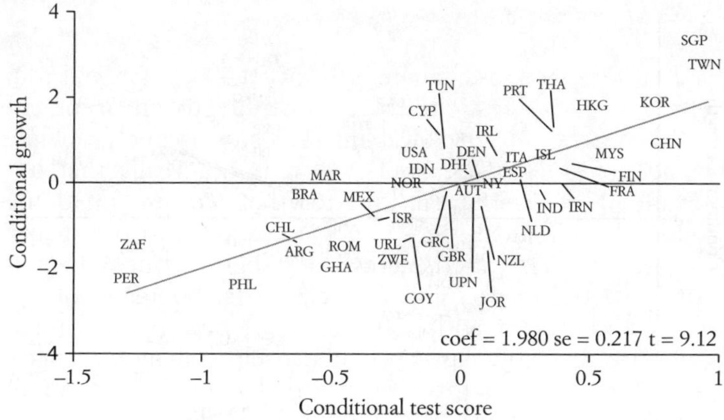

FIG. 1. The Relationship between Cognitive Skills and Economic Growth Rates.

have put all available tests (which could include 36 different possible scores for year age-test combinations) together into one number for an economy. It measures, in my opinion, the cognitive skills, or the skills that are going to be important for a country. As one can see, countries are very close to the regression line. In other words, test score information explains most of the variation in growth rates around the world for all of the countries that we can look at.

I am going to contrast that with the more prevalent view that says we have to worry about school attainment; how many years of school do people get. We see the school attainment story in the World Bank's *Education for All Programme*, which basically sets the goal of getting everybody in the world up to an eighth grade education. We see it in the European Council's *Europe 2020 Vision*, which emphasises cutting down dropout rates from secondary school and increasing the attendance in tertiary education of other people. Let me show you the same picture for growth rates but by school attainment (fig. 2). There are two things that I would like to point out here. On the horizontal axis we now have school attain-

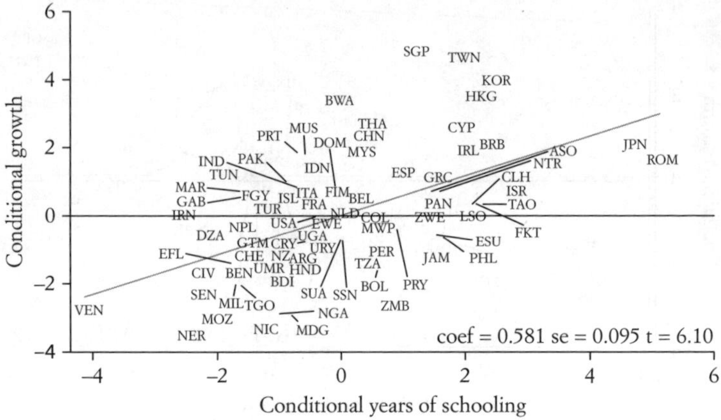

FIG. 2. The Relationship between School Attainment and Economic Growth Rates.

ment (measured by years of education, again, conditional upon starting income level and growth rates). You can see there is a positive relationship between school attainment, years of schooling, and growth rates, but you also see that the countries are spread quite a bit around that line; they are not as close to the line as I showed you before for cognitive skills. But let me show you the clincher to this. If, in addition to school attainment, we just add our measure of test scores to this (fig. 3), what you will see is that it is a horizontal line. There is no relationship between years of schooling and growth rates after we allow for what people know.

Now, I have to give you a confession. It took me several years to understand what this picture meant. This picture means if you go to school and do not learn anything, it does not count. But that is the simple story that we have with *Education for All*. In my opinion this is because, in many cases, we have people getting eight years of schooling, but they cannot read at the end of eight years. It is the knowledge that counts.

Now let me tell you what the slope of that line means, which relates to the growth rate of nations. To an econo-

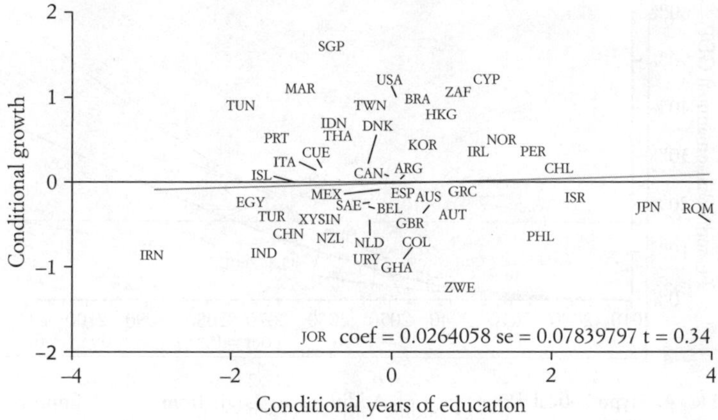

FIG. 3. The Relationship between School Attainment and Economic Growth Rates after Allowing for Cognitive Skills.

mist it is very evident, and I think to many people and to your government it is also very well known that growth is what leads to prosperity in the future. It is what counts because wages only go up if productivity goes up and if you have growth in GDP.

So let us do some experiments. What I am going to do is start out with an experiment that says, let us think of reform policies where we can change the schools and improve the performance of kids on PISA test. We are not going to specify what the policy is but simply think of a reform that started today and that in 20 years would lead to a higher level of performance on PISA. Then I am going to do is calculate what the value of GDP would be with higher performance versus lower performance into the future, assuming growth into the future follows the patterns we have seen in the past. If future growth is related to achievement the way it is in the past, we can estimate its economic value of improved achievement. This is precisely what I have done this for all of the European Union countries and what I will now describe.

Let us start out with the simple example. Let us say that Italy, or all the countries in the European Union,

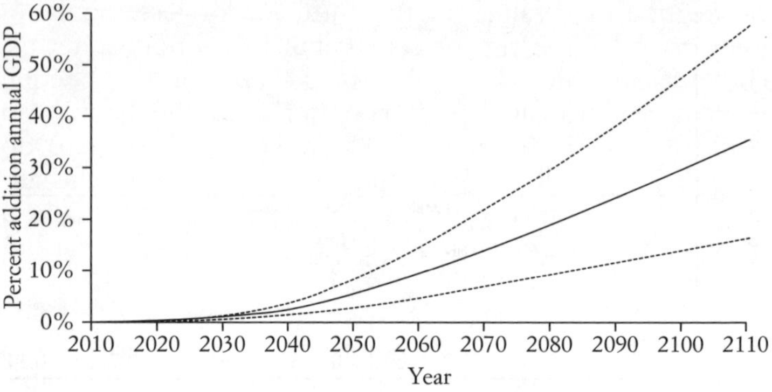

FIG. 4. Hypothetical Projections of Additions to GDP from School Improvement.

could improve their performance on the PISA test by 25 points. For Italy that means putting Italy students at a little bit above the Oecd mean or about the level of Germany. What I am going to do is project the GDP implications of that out into the future. Figure 4 provides a stylized version of the projections. The dark line here is the projection that you would get for percentage increases in GDP for each year into the future, according to the past growth that we have seen in the world and captured in the line I showed you in figure 1. I have got a couple of other lines on figure 4 just to emphasise at the beginning – there is some uncertainty in this and growth may fall someplace between the lighter lines. I am just going to concentrate on that line that represents the best guess of what happened in the past.

I am going to do a second thing. I am going to just look at the gains that would occur until the year 2090. What is 2090? That is about the life expectancy of somebody born today. Now I should say that I am going to allow for the fact that some of us, me at the beginning of the line, do not really care too much about 2090 because I am not going to see much of 2090. Consequently, I am going to discount those gains. In other words, I am going to weight those values in the future a lot less. So I am going to calculate the present value in economist terms. The present value says what is the size of the cheque given to you today that, if you put it in the bank, you would get all these future gains. What I am going to do is just sum up all the gains into the future from this increase of 25 points in PISA test scores. It is actually a fairly simple exercise once we have the growth relationship with achievement.

The present value is 268 percent of the GDP of any of the countries from a 25 point gain in test scores. So in other words if your GDP is one trillion Euros, the value of 25 points gained over the next 20 years is 2.68 trillion dollars. For the entire EU it is a value of 32 trillion Euros, if all the countries in the EU could gain 25 points on PISA. For Italy, it is 3.8 trillion Euros if, in fact, you could put in place a policy that over the next 20 years would lead to a 25 point improvement on PISA. Seems like a worthy number!

Let me speak quickly about the causation issue. When we think about policy options, it is important that we can say «if we increase achievement, we can expect growth rates to increase». In other words, it is important that improved achievement causes improved growth as opposed just to being associated with it. For example, it could be the case that increased growth provides more income that leads to more investment in schooling and in turn to higher achievement. In other words, growth might cause achievement instead of the opposite. Questions of causation have been very controversial.

My co author Ludger Woessmann at Munich and I have spent a lot of time looking at these issues. We have developed a variety of tests designed to eliminate the major concerns about whether there is a causal relationship. Everything we do, all the tests of whether achievement causes growth, can fail because it is hard to have definitive tests of this with these data. We have developed five or six different ways of trying to test this, all of which can fail, but all of which would fail for different reasons.

We get the same answers with each approach. So I am convinced that there is a causal relation.

But if you think there is a lot of doubt about whether this is a causal relationships, just cut the numbers in half. Say half of our observed relationship comes from the fact that higher growth causes more achievement and half comes from achievement causing growth. The projections cut in half mean that the 25 point increase would only be worth 134 percent of current GDP in Italy, as opposed to 268 percent. So causation is something to consider, but I think that the evidence is strong enough and the numbers are so large that something makes sense to try to do something to improve achievement.

Everybody envies Finland right now because it has jumped to the top of the league tables for PISA. So what would happen if everybody could be Finland in terms of achievement on the PISA test? This is a harder standard because equalling Finland is a very large leap for Italy as it is for the United States. Doing so, however, would lead to a present value that is seven times the GDP of all of the European Union countries, or 87 trillion Euros. What does it mean for Italy? 17.3 trillion Euros is the present value, or the lump sum equivalent today of getting the gains in growth from being Finland.

Figure 5 is a picture where I plot the gains for all the EU countries and the averages. We start with Finland. Finland is in an unfortunate position that it is already Finland, so it does not gain anything. But everybody else can gain the EU15 gains somewhere around 700 percent, a little bit larger for EU27. Italy (the striped column) is going to gain 11 times its current GDP, 1100 percent, in present value terms, or over 17 trillion Euros for being Finland in terms of achievement.

Let me look at another facet of this story. One part of the goals for the European Union, although one that has been deemphasised, is to get all but 15 percent of the students in each country up to level 1 on the PISA assessments for 15-year-olds. (Level 1 in science, for example, indicates students «have adequate scientific knowl-

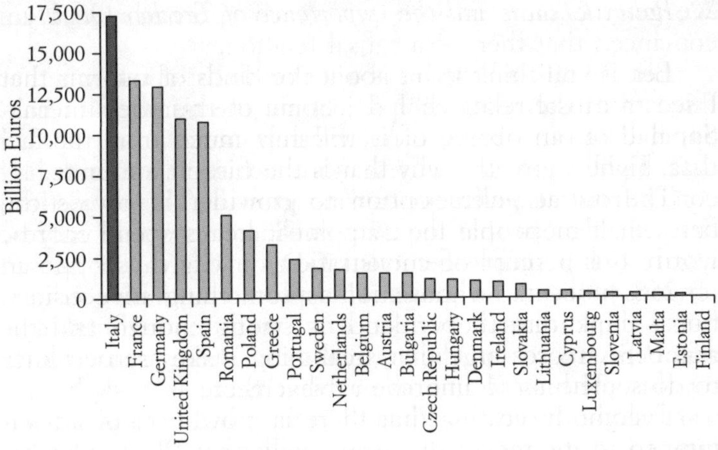

FIG. 5. Present Value of Added GDP from Bringing Student Achievement to the Level of Finland (billions of Euros).

edge to provide possible explanations in familiar contexts or draw conclusions based on simple investigations»). We can simulate what that would mean for each country to get all 85 percent of students up to level 1 on the PISA scores. The present value is almost two times GDP for the entire European Union, or 21.3 trillion Euros from the entire Union. For Italy, it is worth 5.8 trillion Euros to get to this goal of 85 percent of the students at level one on the PISA, or four times current GDP.

This is the story that I want to leave with you. There is a lot of uncertainty in this, of course, so again, if you think that I am way off, cut these numbers in half. The present values even cut in half still suggest that there are substantial gains to be obtained from paying attention to education. My personal view is that the gains are large enough that we should be willing to consider more radical changes than a small adjustment in class size or worrying about exactly what the math curriculum is, but instead should focus on larger things.

2. *Policy Choices and the Importance of Teacher Quality*

Let me talk a little bit about the kinds of reforms that I see from the research I do. Some of this uses international data, and some of it will rely much more on US data. I will show you why that is the case in a minute.

The initial policy option to consider is always the first one that people look at: «well, let us spend more». Figure 6 is a simple demonstration of why this is not an obvious policy to choose. This plots cumulative educational expenditures per student on the horizontal axis and PISA scores on the vertical axis. There are two lines on this. The solid line shows that there is a slight upward slope, indicating that there is a little bit of advantage to more money. Unfortunately that is an illusory, and it probably is not true. It is entirely driven by the very low performance of students in Mexico and Greece. If you do not believe that these two nations tell us much about what would happen in other countries if spending were higher, you get the second, completely flat, dashed line. In other words, outside of Mexico and Greece, there is absolutely no relationship between spending and student performance.

What I have been trying to paint here is that the future of Italy, of the United States, or of European Union countries is very different depending upon how each country's schools and the resultant skills of the population change. This aggregate performance information indicates that neither spending nor for that matter minor changes in class size, changes in curriculum, and the simple kinds of things that are politically easy to do will lead to very substantial changes in student outcomes. We tend to concentrate on these things because there is some surface plausibility to them and because doing them shows that we are trying to improve things. Unfortunately, they do not work by historical evidence.

This leads me to look in a different direction. The research consistently shows that teacher quality is the most important school input. Moreover, based upon the avail-

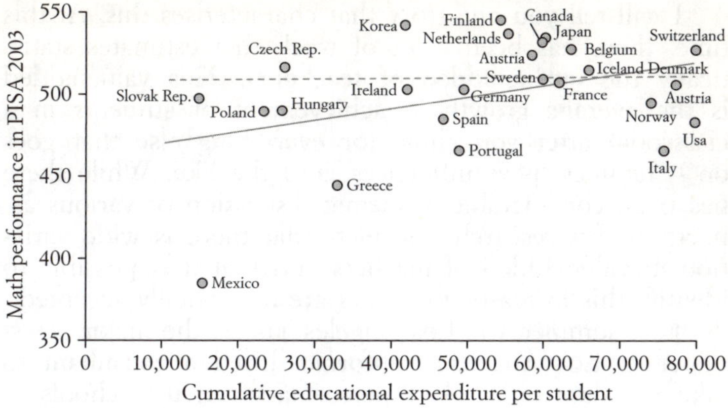

FIG. 6. Resources and Student Performance.

able research evidence, it takes improving the incentives to get good teachers in the classroom and to keep them there.

When talking about teacher quality, the starting point in the United States is that in any school, if you ask the principal of the school, if you ask the other teachers in the school, if you ask the parents in the school, you will receive a pretty reliable and systematic message about the teachers in the school. They will identify the very worst teachers and the very best teachers quite clearly, even if there is a lot of confusion in the middle. The US discussion has been how can we put in place a system that rewards the very best teachers to try to get them to stay in the school longer and that can eliminate, or move, the worst teachers on to other occupations.

The problems in the United States I think are in fact quite similar to those in Italy and many other places. The teachers' unions are not in favour of firing the bottom few percent of the teachers who are the worst. But in fact the dialogue and the discussions in the United States have been changing very rapidly on this in the last few years.

I will tell you one story that characterises this. At this time, there has been a lot of work that estimates statistically the «value-added of teachers». This value-added is the average growth in achievement of students in a classroom after you allow for everything else that goes on – families, peer influences, and the like. While there has been considerable academic discussion of various aspects of this research, the facts that there is wide variation in value-added of teachers and that it is possible to identify this in reasonable ways are now widely accepted.

Last summer, the Los Angeles Times, the major newspaper in Los Angeles, California, hired a consultant to take the data on student performance in the schools of Los Angeles and to estimate the value-added of all of the teachers in the Los Angeles school system. Los Angeles is a very large school system with about 700,000 students. Having received the estimates from this consultant, the newspaper then published value-added scores by teacher name in the newspaper, in the «Los Angeles Times».

Now, I suspect that you felt the shockwaves here in Italy when that happened. This was a very dramatic thing. It is not one that I would actually approve of doing on a regular basis. I do not think that personnel policies should be made in the newspaper. But, as a result of this, other cities are close to doing the same. In fact, after a lengthy lawsuit, New York City newspapers did exactly the same thing. New York is the largest school system in the United States, with more than a million students. More important than the response in New York City was what happened at the same time in Los Angeles. All of a sudden the teachers' union in Los Angeles and the school system in Los Angeles stood up and said «we have to have a better evaluation system for our teachers». Everybody had said something like this for a long time, and there was no doubt about the need for this. Everybody had said this, but nobody had actually done it. Everybody said, well, since we need a better evaluation system, let us have a committee to think about this. And the committees went on forever and ever without actually doing anything. Now there is hope for actually doing something.

You may also know the story of Washington DC, Michelle Rhee was the Chancellor of schools in Washington DC. She is a very competent young woman who was the head of the school system in Washington Cashes who pushed hard on the evaluation of teachers and the ability both to remove teachers and to reward them. Two things happened. First, she put in a place the evaluation system based on classroom observations of teachers along with statistical value-added estimates and negotiated into the contract the ability to remove teachers that were in the bottom for two years in a row on these evaluations and to reward teachers on the top. This contract that was actually put in place in Washington DC was quite novel. The second thing that happened was that the mayor of Washington DC, who was very supportive of Michelle Rhee, lost the election to continue as mayor and was thrown out of office. Michelle Rhee has now retired from being the head of the school system.

The summary is that it is hard, but there is dialogue that is continuing now about how to insure that there are high quality teachers in the classroom. In my opinion, and I have been trying to convince the teachers' unions of this, it is in the union's interests to participate in this dialogue.

It is in the union's interests for several reasons. First, the majority of teachers in the United States are really very good, but they are being harmed by being lumped in with a few bad teachers. As a result their position has been undermined. That has led, in my opinion, to low salaries for teachers in the United States. It has held down salaries, because it is politicians who decide teacher's salaries. It is not an economic market, it is a political decision. The politicians cannot go out and say we are going to throw more money, higher salaries at teachers without recognising that there are some that are good and some that are bad. The public says, «You are not really going to pay higher salaries to that (poor) teacher, are you?» and so I think that salaries could be much higher for teachers if the unions did not insist that every teacher is great. I personally think that salaries for good teachers should be a lot higher. The average salary in the United States for a teacher is about $55,000. I think that the top teachers should be getting much over $100,000 a year, something that is justified by the economic impacts that they are having.

An alternative to rewarding good teachers and removing bad teachers is the idea that we should do a better job helping all teachers to get better. In other words, if a teacher is not doing well, the system should do what it can to make the teachers better. I am not against this. In fact I entirely agree with the idea. But I am less convinced that we can deal with our problems in such a way.

We have two conflicting forces that provide the background for this in the United States. We have the idea that professional development of teachers should be the way to go because it can take existing teachers and make them better. Along with this are some examples by people who have developed systems of professional development that seem to show that they do better. But on the other side what we do not have is much evidence that you can do this on a broad scale and reproduce it.

There have been two really well designed studies of professional development in the United States. Let me quickly describe what I think is the best set of professional development studies to date. It was done by the Institute for Education Sciences, which is the research arm of the US Department of Education. They had a design that began with a large number of schools and tried to provide very direct programs of professional development in both the teaching of early reading and of middle school mathematics. The standard argument has been that professional development has not worked well in the past because it is not directed at what the teachers need to know and it has not been intense enough. So these studies were designed to exactly deal with those issues. The reading study began with what was reputed to be the best, or one of the best, professional development programmes for early reading, concentrating on phonemic awareness and a variety of other developmental things that seemed to be important. The mathematics program did a similar thing for teaching fractions, but, because the results are similar, I will just describe the reading research.

In one group of schools, all the teachers of early reading got 45 hours of classroom instruction before the beginning of the school year in this professional development programme. A second group of teachers got 45 hours of classroom instruction in this professional development programme plus 60 hours of classroom coaching throughout the year, about 2 hours a week of classroom coaching throughout the year. The third group just got the same old stuff that was not working. At the end of the first year, it found that any teacher who got the classroom instruction tended to change her behaviour in terms of how she presented material and what she did in the classroom. Yet, the students did just as well in the classroom that got no professional development as either of the other two special programmes. In the second year of performance, the teachers generally reverted to their old way of teaching, and student achievement was unaffected by having better professional development.

The result was very similar in the study of lower secondary school mathematics training. There was no discernible impact on the learning of students when tested in exactly the subjects that were being put into professional development.

As a result, I have become sceptical about professional development. I would like to see it work because it is obviously an easier answer to take existing teachers and make them better, but I see little evidence that it works. Similarly, I see little evidence that it matters where and how a teacher was trained going into the teaching, at least on a broad scale. Having a regular teacher training degree is no different in terms of student gains in performance than coming with essentially a regular bachelor's degree with no pedagogy and no teacher training.

I am willing to have people continue to work on how to do better teacher preparation, but my focus has become trying to find a way that we can operate a system when we don't know how to prepare new teachers, but we know how to identify and select teachers.

I would pin my hopes on the ability to identify, select, and retain good teachers. Doing that has to do with making sure that teachers are happy with their job; that their pay is reasonable; that the working conditions they have are good; and that other things that lead teaching to be an attractive job are in place. But, it also requires having in place a counselling programme to help some of the teachers that are not very effective find alternative jobs, ones that are better for them (and better for the students who get different and more effective teachers). I would not pin my hopes on trying to figure out how can I make these ineffective teachers better teachers. In sum, I would try to encourage good, aggressive, hard-working, and effective people to be in the teaching profession and to stay there, but at the same time I would try to eliminate the ones that are harming kids.

Simply put, in the United States there are a small number of teachers that are just harming kids. I believe that we know who they are; everybody in the schools knows who they are. The principal, the other teachers, and the parents all know who are the bad teachers. We just will not act on that information.

I have a little bit of evidence also that the quality of the principal is important in how well a school operates, in the selection of teachers, and so forth. If you have a performance pay system for teachers, you have to have the same performance pay system for principals because you have to reward principals for doing the same thing that the teachers are doing, for getting higher achievement. It is always common to call for a teacher reward system with performance pay for teachers without saying anything about the administrators. But a simple analysis suggests that you have to have a parallel system of rewards for the performance.

The exact form of any reward system for teachers and administrators is a bit uncertain. We do not know much about how the collaboration among teachers in the school affects the outcomes. We suspect that that is important, that teachers do in fact help each other, but we do not have much evidence on that. It does suggest that, if you have any performance rewards in schools, a portion of the rewards should be school-wide such that everybody in school gets a reward and a portion should be individually related.

It is usually on the last issue that people have disagreement, that is, whether any individual should be rewarded. There is a group of psychologists that goes around saying you should not do that because that will lead to bad behaviour. My analysis is somewhat different. It is that if you want good teachers to be willing to go into schools to teach and you want good teachers to be willing to go into schools where the other teachers might not be so good, you cannot reward every teacher on the basis of the whole aggregate performance; you have to give some individual rewards along with maybe some aggregate rewards.

3. *Some Conclusions*

As Italy and the rest of Europe faces the difficult economic problems growing out of the 2008 recession, it cannot ignore the long run. In the long run, it is the human capital of nations that drives economic growth. And it is economic growth that determines the pattern of incomes across nations.

Historically, by far the most important determinant of growth has been cognitive skills of the population. These skills are measured well by the PISA assessments. On this, Italy needs improvement.

If Italy could, say, bring its performance up to about the level of Germany, history suggests stronger growth that would have a present value of three times the current Italian GDP. Gains of this magnitude seem sufficient to call for significant changes in the schools.

The evidence suggests that the most important part of schools is the quality of teachers. While the quality of teachers has proven difficult to change, it does not have to be so. What is needed is an evaluation system for teachers that permits rewarding the best and eliminating the worst teachers. This kind of policy, of course, has met with political resistance. But, not pursuing improvements means that Italy is willing to accept a much lower standard of living in the future.

CAPITOLO TERZO

LARGE SCALE EVALUATION

In the global economy, where all work that can be automated, digitized or outsourced can now be done anywhere by the people best qualified to do it, the yardstick for educational success is no longer merely improvement by national standards, but the best performing education systems internationally. International comparisons have thus become an important tool to assess and drive educational change:

– By showing what is possible in education, they can help to optimise policies but also to reflect on more fundamental alternatives to existing policies, which become apparent when these are contrasted with policies and practices pursued by other countries.

– They can help set policy targets in terms of measurable goals achieved by other systems and help to identify policy levers and to establish trajectories for reform.

– They can assist with gauging the pace of educational progress and reviewing the reality of educational delivery at the frontline. For example, Portugal, Poland, Israel or Chile raised the performance of their 15-year-olds in PISA reading by the equivalent of between half and a full school year in less than a decade.

– Last but not least, they can support the political economy of educational reform, which is a major issue in education where any pay-off to reform almost inevitably accrues to successive governments if not generations.

Perhaps the most important lesson to be learned from PISA is that strong performance, and indeed improvement, is possible. Whether in Asia (e.g., Japan and Ko-

Questo capitolo è di Andreas Schleicher.

rea), in Europe (e.g., Finland or Northern Italy) or in North America (Canada), many countries display strong overall performance and, equally important, show that poor performance in school does not automatically follow from a disadvantaged socio-economic background and that the achievement gap can be significantly narrowed. Furthermore, some countries show that success can become a consistent and predictable educational outcome. In Finland, the country with the strongest overall results in PISA, the performance variation between schools amounts to only 5% of students' overall performance variation, so that parents can rely on high and consistent performance standards in whatever school they choose to enrol their children[1].

Performance on international comparisons cannot simply be tied to money. The PISA results for Italy reflect rather a range of inefficiencies. That point is reinforced by the fact that in international comparisons of primary grade school children Italy does relatively well by international standards which, given the country's wealth, is what would be expected. The problem is that as they get older, children make less progress each year than children in the best performing countries. The issue is therefore not just poor kids in poor neighbourhoods, but about many kids in many neighbourhoods. It is noteworthy that spending patterns in many of the world's successful education systems are markedly different from Italy. These countries invest the money where the challenges are greatest and they put in place incentives and support systems that attract the most talented school teachers into the most difficult classrooms. They have often reformed inherited, traditional and bureaucratic systems of recruiting and training teachers and leaders, of paying and rewarding them and of shaping their incentives, both short-term and long-term. They often also de-

[1] For the United States, the corresponding figure is 29%, the Oecd average is 33%.

vote a higher share of spending to classroom education and, different from Italy, tend favour better teachers over smaller class sizes.

Looking beyond financial resources, PISA suggests that schools and countries where students work in a climate characterized by high performance expectations and the readiness to invest effort, good teacher-student relations, and high teacher morale tend to achieve better results. Interestingly, a fairly large proportion of Italian 15-year-olds usually rate themselves comparatively highly in academic performance in PISA, even if they did not do well comparatively. In part that may be due to culture, but one interpretation is also that students are being commended for work that would not be acceptable in high performing education systems. Many countries articulate ambitious expectations that societies have in relation to learning outcomes and to translate these expectations into educational goals and standards. Educational standards have influenced many of the top performing education systems in various ways, helping them to establish rigorous, focused and coherent content at all grade levels; reduce overlap in curricula across grades; reduce variation in implemented curricula across classrooms; facilitate co-ordination of various policy drivers ranging from curricula to teacher training; and reduce inequity in curricula across socio-economic groups.

Coupled with this trend have been efforts in countries to devolve responsibility to the frontline, encouraging responsiveness to local needs, and strengthening intelligent accountability. PISA shows Italy to be one of the most centralised education systems, with very limited degrees of real decision-making located at the frontline, i.e. with teachers and school principals.

What further distinguishes the approaches to professional accountability developed in Finland, the use of pupil performance data and value added analyses in England, or the approaches to school self evaluation in Denmark, is that these strike a different balance between using accountability tools to maintain public confidence in education, on the one hand, and to support remediation in the classroom aimed at higher levels of student learning and achievement on the other. These countries have complemented systems of test-based external accountability with building capacity and confidence for professional accountability in ways that emphasize the importance of formative assessment and the pivotal role of school self-evaluation, the latter often in conjunction with school inspection systems that systematically intervene with a focus on the most troubled schools. In some systems, strategic thinking and planning take place at every level of the system. Every school discusses what the national standards might mean for them, and decisions are made at the level of those most able to implement them in practice. Where school performance is systematically assessed, the primary purpose is often not to support contestability of public services or market-mechanisms in the allocation of resources. Rather it is to provide instruments to reveal best practices and identify shared problems in order to encourage teachers and schools to develop more supportive and productive learning environments.

Many countries have also established assessment and accountability systems that incorporate progressive learning targets which delineate pathways characterising the steps that learners typically follow as they become more proficient and establish the breadth and depth of the learner's understanding of the domain at a particular level of advancement. One of the earliest approaches in this direction, the «key stages» in England, for example, provides a coherent system that allows measuring individual student progress across grades and subjects. The global trend is leading towards multi-layered, coherent assessment systems from classrooms to schools to regional to national to international levels.

Second, in most of the countries that performed well in PISA, it is the responsibility of schools and teachers to engage constructively with the diversity of student interests, capacities, and socio-economic contexts, without having the option of making students repeat the school year, or transferring them to educational tracks or school types with lower performance requirements. To achieve this, education systems seek to establish bridges from prescribed forms of teaching, curriculum and assessment towards an approach predicated on enabling every student to reach their potential. Many high performing education systems have developed elaborate support systems that, first of all, help individual teachers to become aware of specific weaknesses in their own practices, and that often means not just creating awareness of what they do but changing the underlying mindset. They then seek to provide their teachers with an understanding of specific best practices and, last but not least, motivate them to make the necessary changes with instruments that go well beyond material incentives. Of course, Italy has some of the most innovative schools and teachers that have tailored curriculum and teaching methods to meet the needs of children and young people with great success for many years. However, what distinguishes the education systems of, for example, Victoria in Australia, Alberta in Canada, or Finland is the drive to make such practices systemic, through the establishment of clear learning pathways through the education system and fostering the motivation of students to become independent and lifelong learners. Obviously such «personalized learning» demands both curriculum entitlement and choice that delivers a breadth of study and personal relevance. But the personalization in these countries is in terms of flexible learning pathways through the education system rather than individualized goals or institutional tracking, which have often been shown to lower performance expectations for students and tend to provide easy ways out for teachers and schools to defer problems rather than solving them.

Third, many high performing systems share a commitment to professionalized teaching, in ways that imply that teachers are on a par with other professions in terms of diagnosis, the application of evidence-based practices, and professional pride. They pay great attention to how the pool is established from which they recruit their teachers;

how they recruit; how they select their staff; the kind of initial training their recruits get before they present themselves for employment; how they mentor new recruits and induct them into their service; what kind of continuing training they get; how their compensation is structured; how they reward their best performers and how they improve the performance of those who are struggling; and how they provide opportunities for the best performers to acquire more status and responsibility. Of course, in every country, there have always been great teachers, but what is fundamentally different today is that education systems now need to equip all teachers, and not just some, for effective learning.

In one way, international educational benchmarks make disappointing reading for Italy. But they also indicate a way forward and the progress that Italy achieved over the last years on PISA emphasises this further. Many countries, and some regions in Italy too, display strong overall performance and, equally important, show that poor performance in school does not automatically follow from a disadvantaged socio-economic background, even if social background is an important challenge everywhere. Furthermore, some countries show that success can become a consistent and predictable educational outcome, with very little performance variation across schools. Perhaps most importantly, many countries demonstrate that rapid progress can be achieved within less than a decade.

In the past when economies only needed a small slice of well-educated workers it was sufficient, and perhaps efficient, for governments to invest a large sum into a small elite to lead the country. But the social and economic cost of low educational performance has risen very substantially and PISA shows that the best performing education systems now get all young people to leave school with strong foundation skills.

When one could still assume that what is learned in school will last for a lifetime, teaching content and routine cognitive skills was at the centre of education. Today, where individuals can access content on Google, where routine cognitive skills are being digitised or outsourced, and where jobs are changing rapidly, education systems need to enable people to become lifelong learners, to manage complex ways of thinking and complex ways of working that computers can't take over easily. That requires a very different calibre of teachers. When teaching was about explaining prefabricated content, school systems could tolerate low teacher quality. And when teacher quality was low, governments tended to tell their teachers exactly what to do and exactly how they want it done, using prescriptive methods of administrative control and accountability. What we see in the most advanced systems now is that they have made teaching a profession of high-level knowledge workers, and that, not higher salaries, is what makes teaching so attractive in countries as different as Finland, Japan or Singapore.

But people who see themselves as candidates for the professions are not attracted by schools organized like an assembly line, with teachers working as interchangeable widgets. That is why international comparisons show a very different work organization in high performing systems, with the status, professional autonomy, and the high-quality education that go with professional work, with effective systems of teacher evaluation and with differentiated career paths for teachers.

This is why high performing education systems tend to create a «knowledge rich» education system, in which teachers and school principals act as partners and have the authority to act, the necessary information to do so, and access to effective support systems to assist them in implementing change. External accountability systems are an essential part of all this, but so are lateral accountability systems. Among Oecd countries, there are countless tests and reforms that have resulted in giving schools more money or taking money away from them, developing greater prescription on school standards or less prescription, or making classes larger or smaller, often without measurable effects. But what distinguishes top-performer Finland is that it places the emphasis on building various ways in which networks of schools stimulate and spread innovation as well as collaborate to provide curriculum diversity, extended services and professional support. It fosters strong approaches to leadership and a variety of system leadership roles that help to reduce between-school variation through system-wide networking and to build lateral accountability. It has moved from «hit and miss» policies to establishing universal high standards; from uniformity to embracing diversity; from a focus on provision to a focus on outcomes; from managing inputs and a bureaucratic approach to education towards devolving responsibilities and enabling outcomes; and from talking about equity to delivering equity. It is a system where schools no longer receive prefabricated wisdom but take initiatives on the basis of data and best practice.

Addressing the challenges will become ever-more important as the best education systems, not simply improvement by national standards, will increasingly become the yardstick to success.

CAPITOLO QUARTO

DIECI ANNI DI OCSE-PISA IN ITALIA

Dalla prima edizione di PISA, nel 2000, a PISA 2009 – l'indagine più recente alla data attuale[1] – sono passati quasi 10 anni. È quindi possibile non solo avere una foto aggiornata dei risultati del nostro paese nel contesto internazionale, ma esaminare e confrontare anche cosa è cambiato, o non è cambiato, in questo lasso di tempo.

1. *Quali risultati ha avuto l'Italia in PISA 2009?*

In PISA 2009, come nelle precedenti edizioni di PISA, il punteggio medio dell'Italia presa nel suo complesso è più basso della media Ocse. Il risultato dell'Italia in lettura – pari a 486 – è subito sotto la media dei 34 paesi Ocse (pari a 493) e ugualmente inferiore alla media internazionale è il risultato in matematica (483 contro una media Ocse di 496) e in scienze (489 contro una media Ocse di 501) [Oecd 2010a].

Il dato medio però, come hanno dimostrato le diverse edizioni di PISA e – prima ancora – le indagini IEA[2],

Questo capitolo è di Maria Teresa Siniscalco.

[1] Dal momento che PISA è un programma di indagini con periodicità triennale, dopo il 2009 viene il 2012, con rilevazione dei dati nella primavera 2012 e pubblicazione dei risultati per la fine del 2013.

[2] L'Italia ha partecipato alle indagini internazionali sul profitto scolastico condotte dall'*International Association for the Evalutation of Educational Achievement* (IEA) fin dagli anni '70. Già dall'indagine IEA *Six Subjects* è emerso il forte divario tra il Nord e il Sud del paese nei risultati degli studenti. Le indagini IEA hanno inoltre evidenziato che tale divario cresce con il progredire della scolarità.

TAB. 1. *Punteggi medi in lettura, matematica e scienze, PISA 2009*

	Lettura	Matematica	Scienze
Media Ocse	493	496	501
ITALIA	486	483	489
Nord-Ovest	511	507	515
Nord-Est	504	507	516
Centro	488	483	491
Sud	468	465	466
Sud Isole	456	451	454

sintetizza, e quindi nasconde, esiti molto differenti tra il Nord e il Sud del paese [INVALSI 2011].

Le macroaree/regioni del Nord hanno risultati in linea o significativamente più alti della media Ocse, analoghi a quelli di gran parte dei paesi migliori (quali Belgio, Paesi Bassi, Australia, Giappone e Nuova Zelanda) e superati solo dal gruppo di paesi in cima alla classifica (Corea, Finlandia e Canada tra i paesi Ocse e alcuni paesi/economie partner – tutte asiatiche – quali Shanghai, Hong-Kong e Singapore). Le macroaree/regioni del Sud hanno viceversa risultati significativamente e marcatamente più bassi della media Ocse, analoghi a quelli della Turchia e – nel caso del Sud Isole – del Cile (fig. 1).

Se consideriamo la lettura, nel 2009 tra i risultati del Nord e quelli del Sud vi sono circa 55 punti di differenza. Per avere un'idea di che cosa significhi questa differenza, si pensi che in media nell'Ocse gli studenti autoctoni hanno un punteggio che è di 52 punti più alto di quello degli studenti immigrati. Tra gli studenti italiani del Nord e quelli del Sud, dunque, c'è una differenza analoga a quella che in media c'è nell'Ocse tra nativi e immigrati, cioè tra due gruppi di studenti con un livello di equipaggiamento molto diverso nei confronti della lingua nella quale si svolge la prova. Le differenze nei punteggi delle singole regioni sono, naturalmente, ancora più forti: tra le regioni agli estremi della distribuzione c'è una differenza di oltre 70 punti.

Uno dei dati che ha contraddistinto l'Italia fin dalla prima rilevazione è una forte varianza tra scuole. Questa

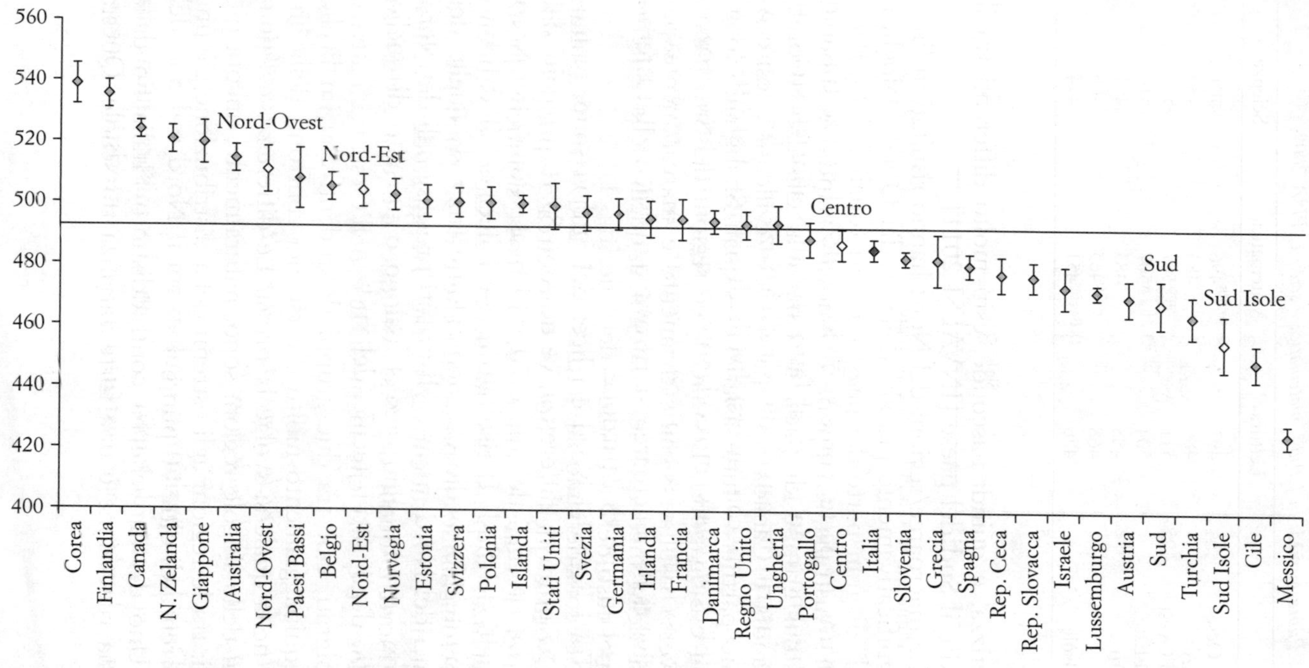

FIG. 1. Punteggio medio e intervallo di confidenza in lettura, PISA 2009.

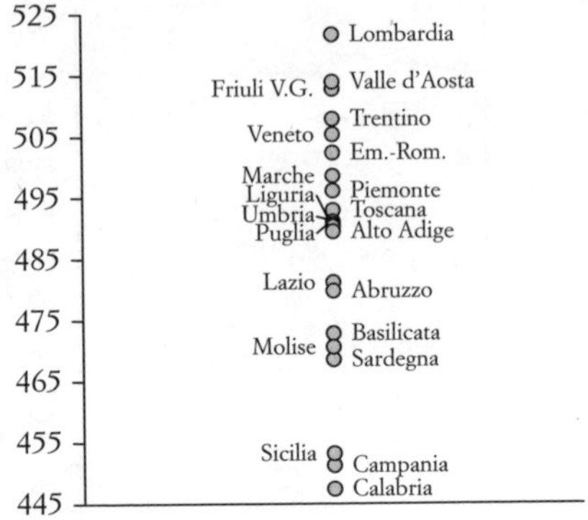

FIG. 2. Punteggio medio in lettura delle regioni italiane, PISA 2009.

è dovuta, in parte, come si è visto, alle differenze tra aree geografiche e, in parte, al fatto che a 15 anni gli studenti sono inseriti in canali diversi di istruzione, che raggruppano studenti con diversi livelli di abilità. Le differenze tra tipi di scuola si intrecciano con quelle tra aree geografiche, cosicché lo scarto che si registra nei punteggi complessivi delle macroaree si ritrova ugualmente all'interno di ciascun tipo di istruzione.

Tra i licei del Nord e i licei del Sud vi sono, in media, 55 punti di differenza, ve ne sono 85 tra i tecnici del Nord e i tecnici del Sud e 70 tra i professionali del Nord e quelli del Sud. Il risultato è che i licei del Sud hanno un punteggio medio che non si differenzia da quello dei tecnici del Nord, mentre gli istituti professionali del Nord hanno un punteggio medio analogo o più alto di quello medio degli istituti tecnici del Sud.

2. *In che misura le disparità nei risultati sono correlate a disparità nel background?*

Data la disparità nei risultati tra il Nord e il Sud del paese, si tratta di capire se e in che misura questa sia legata a un'analoga disparità nelle caratteristiche socio-

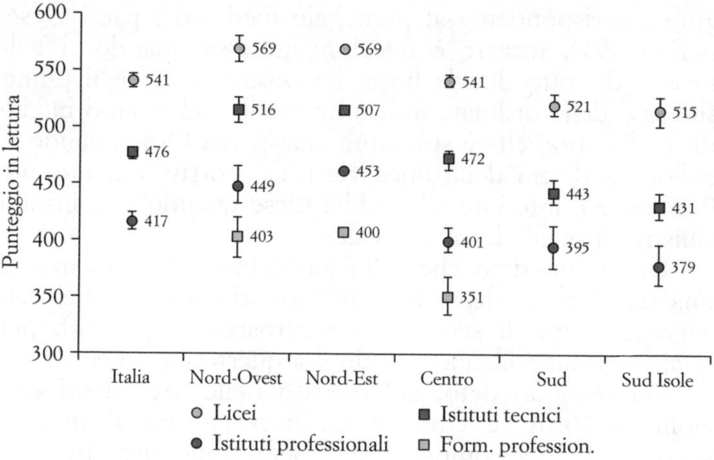

FIG. 3. Punteggio medio in lettura per tipo di scuola e macroarea, PISA 2009.

economiche e culturali delle diverse aree geografiche. Dalle analisi condotte in questi anni è risultato che quasi metà della differenza tra il Nord e il Sud è spiegata dal background socio-economico e culturale di studenti e scuole [Martini e Ricci 2007]. Ulteriori analisi, che hanno affiancato ai dati di PISA dati provenienti da altre fonti, hanno evidenziato che tre quarti delle differenze tra il Nord e il Sud scompaiono quando – oltre al background degli studenti e delle scuole – si tiene conto dei contesti scolastici (infrastrutture) e territoriali (livello di istruzione della popolazione e caratteristiche del mercato del lavoro) [Bratti *et al.* 2008].

Un modo per visualizzare la relazione tra disparità nei risultati e disparità nel background è quello di rappresentare sullo stesso grafico il punteggio medio e il background medio dei diversi tipi di scuola per area geografica.

Nella figura 4 la posizione di ogni punto sull'asse delle ascisse indica il punteggio medio dell'entità che rappresenta, che è superiore alla media Ocse quando si colloca al di sopra della linea orizzontale al centro della figura (corrispondente al punteggio medio dei paesi Ocse, pari a 493), mentre è inferiore ad essa quando si colloca al di sotto di tale linea. La posizione di ogni punto sull'asse delle ordinate indica invece il background medio di quell'entità, che è superiore alla media Ocse quando si colloca a destra della linea verticale, corrispondente allo 0, mentre è inferiore alla media Ocse quando si colloca a sinistra di quella linea verticale.

Un primo dato che salta all'occhio è la presenza di una relazione evidente tra background e risultati nei dati aggregati (tipi di scuola per macroarea geografica), per quanto vi siano alcune eccezioni a questo andamento.

Un secondo dato, già rilevato nelle precedenti edizioni di PISA, è che c'è un intreccio tra il tipo di scuola e la sua composizione socio-economica. In tutte le aree geografiche, i licei sono caratterizzati, mediamente, da un background superiore alla media Ocse del background, mentre i tecnici e ancora di più i professionali e la formazione professionale sono caratterizzati da un background mediamente inferiore rispetto alla media internazionale.

Un terzo dato evidente è la presenza di un décalage evidente nella composizione socio-economica di ciascun tipo di scuola in relazione all'area geografica: lo stesso scarto che si rileva nei risultati dei licei rispettivamente del Nord e del Sud, lo si ritrova nel loro background socio-economico, dato dalla media del background degli studenti che li frequentano. Per quanto, cioè, in tutte le aree geografiche i licei si collochino al di sopra della media internazionale, come background oltre che come risultati, i licei del Nord sono frequentati, complessivamente, da studenti con un background socio-economico e culturale significativamente più alto di quello degli studenti che frequentano i licei del Sud. Il più basso punteggio degli studenti dei licei del Sud è, dunque, almeno in parte, giustificato dal più basso livello socio-economico e culturale delle loro famiglie. Diverso è il caso del Centro, che, come già rilevato nelle analisi sui dati di precedenti edizioni di PISA [Martini e Ricci 2007], mentre ha valori

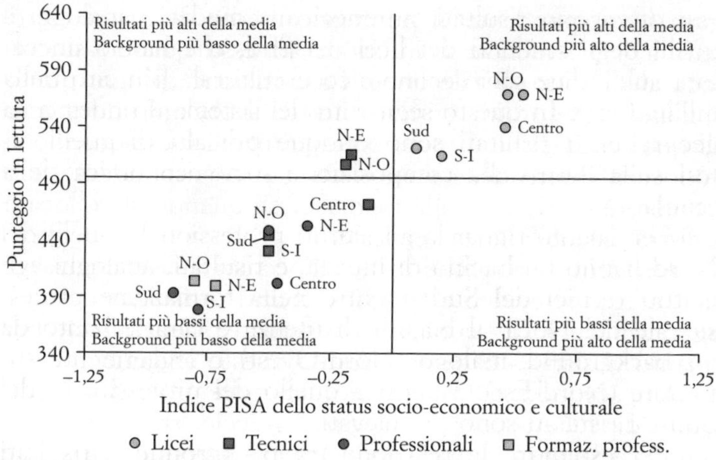

FIG. 4. Punteggio e indice socio-economico e culturale medio per tipo di scuola e area geografica.

medi nell'indice dello status socio-economico e culturale analoghi a quelli del Nord, mostra risultati nelle prove di competenza che sono, contrariamente alle attese, significativamente inferiori a quelli del Nord[3].

Soffermiamoci ora un momento sulla situazione degli istituti tecnici. Si rileva nuovamente il décalage nel background e nei risultati tra i tecnici del Nord e quelli del Sud e la situazione anomala del Centro. Tuttavia, per quanto gli studenti degli istituti tecnici del Nord abbiano un valore sull'indice dello status socio-economico e culturale di PISA che è più basso della media internazionale,

[3] «Ciò apre un problema interpretativo finora poco esplorato e che, invece, richiederebbe seri approfondimenti di ricerca. Se infatti è possibile affermare che, nel caso delle scuole meridionali, lo status socio-economico meno favorevole è all'origine, almeno in parte, del minor rendimento in matematica, altrettanto non può dirsi per il Centro-Italia. Questo mostra infatti valori medi dell'indice di status socio-economico-culturale leggermente superiori a quelli del Nord e ci si dovrebbero quindi aspettare livelli di prestazione in matematica non così differenziati come quelli riscontrati» [Martini e Ricci 2007, 37].

essi ottengono risultati superiori alla media e analoghi a quelli degli studenti dei licei del Sud, che hanno un valore sull'indice socio-economico e culturale più alto della media Ocse. In questo segmento del sistema, in quest'area geografica, i risultati sono dunque più alti di quelli attesi sulla base della composizione socio-economica della scuola.

Per quanto riguarda gli istituti professionali, quelli del Nord hanno un bacino di utenza, e risultati, analoghi agli istituti tecnici del Sud, mentre nella formazione professionale del Nord[4] il bacino di utenza è caratterizzato da un background analogo (Nord-Ovest) o leggermente superiore (Nord-Est) rispetto a quello dei professionali del Sud e i risultati sono più elevati.

Per esplorare la relazione tra background e risultati a livello di regioni, si sono messi in relazione i risultati medi delle regioni con un indicatore dello sviluppo del territorio, quale il Pil pro capite a livello regionale, e si può osservare che tra i due fattori vi è una forte correlazione (fig. 5).

Tuttavia, in assenza di dati longitudinali non è possibile stabilire quale, tra sviluppo del territorio e risultati della scuola, sia la causa e quale l'effetto, oppure se siano entrambi legati all'azione di un terzo ordine di fattori.

Rimane il fatto che, allo stato attuale delle cose, la scuola e gli insegnanti del Sud operano in un contesto più difficile di quello dei loro colleghi del Centro e del Nord e resta da affrontare il problema delle basse prestazioni degli studenti del Sud. La società e il mondo del lavoro che li aspetta dopo la scuola richiedono, infatti, livelli di conoscenze e competenze sempre più alti e non tengono conto dei livelli di partenza degli studenti o del contesto in cui la scuola ha operato.

Quando si esamina la relazione tra background e risultati in generale, a livello di studenti, l'Italia è tra i

[4] Per le regioni del Sud non vi sono dati sulla formazione professionale.

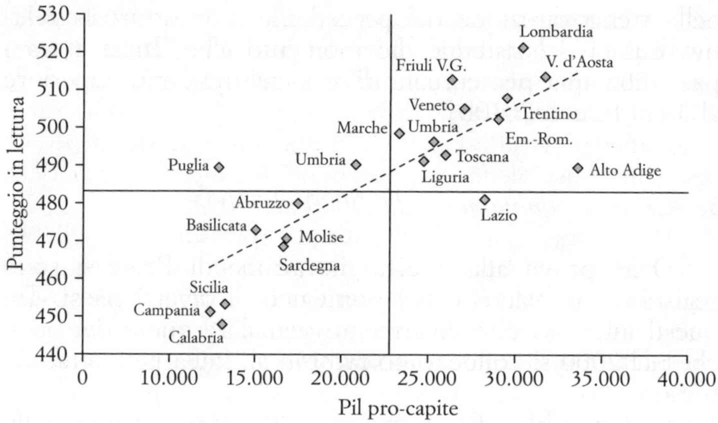

FIG. 5. Punteggio in lettura e Pil pro capite per regione, PISA 2009.

paesi nei quali questa relazione è meno forte, e tale dato non è cambiato nel tempo: la percentuale di varianza spiegata dal background, utilizzato in PISA come indicatore dell'equità del sistema, è rimasta nel 2009 – come nel 2000 – al di sotto della media Ocse, sia per le aree dove i risultati sono più bassi sia per quelle dove i risultati sono più alti della media internazionale.

Un altro indicatore della capacità del sistema di moderare l'impatto del background familiare è la proporzione di studenti resilienti, cioè di studenti di origini svantaggiate che hanno risultati elevati. PISA definisce resilienti gli studenti che si collocano nel 25% più basso della distribuzione dello status socio-economico di un dato paese e i cui risultati si trovano, invece, tra quelli del 25% più alto della distribuzione dei punteggi di lettura degli studenti dell'insieme dei paesi Ocse, dopo avere corretto i punteggi in modo da «controllare» il background a livello internazionale, cioè in modo da confrontare le prestazioni a parità di background[5]. Anche questo indicatore va

[5] La proporzione di studenti resilienti rispetto al totale degli studenti è poi moltiplicata per 4, in modo che la percentuale rifletta la

nella stessa direzione del precedente, a mostrare la relativa equità del sistema, dal momento che l'Italia è tra i paesi con una percentuale di studenti resilienti superiore al 30% [Oecd 2010b].

3. *Ci sono cambiamenti dal 2000 al 2009?*

Dalla prima alla quarta rilevazione di PISA si sono registrati cambiamenti nel punteggio di diversi paesi. Tra questi interessa particolarmente segnalare quelli dei paesi che nel 2000 si collocavano *intorno* all'Italia nella graduatoria.

La Repubblica Ceca, che nel 2000 aveva un punteggio leggermente più alto dell'Italia (per quanto la differenza non fosse significativa), nel 2009 ha avuto un punteggio più basso. Il Portogallo e la Grecia, invece, che nel 2000 avevano punteggi significativamente più bassi, nel 2009 hanno avuto punteggi analoghi a quelli dell'Italia. Infine, Germania, Svizzera, Polonia e Ungheria nel 2000 avevano punteggi più bassi di quelli dell'Italia o simili ad essa, mentre nel 2009 hanno avuto punteggi significativamente più elevati [Oecd 2010e].

Quando si va oltre il dato medio e si considera la percentuale di studenti che si colloca ai diversi livelli della scala di competenza di lettura, si osserva che, nei paesi europei che in questi anni sono migliorati in modo significativo, il miglioramento è avvenuto grazie alla diminuzione degli studenti più deboli: in Polonia e Portogallo la percentuale degli studenti che non vanno oltre il livello più basso della scala PISA di lettura[6], cioè che si collocano al

proporzione degli studenti resilienti rispetto agli studenti svantaggiati [Oecd 2010b].

[6] La scala PISA di lettura ha sette livelli nel 2009, mentre ne aveva 5 nel 2000. L'aumento nel numero di livelli è legato all'affinamento degli estremi della scala, operato attraverso l'articolazione del livello 1 in due livelli (1a e 1b), in modo da avere una descrizione più precisa delle prestazioni degli studenti più deboli, e l'aggiunta del livello 6

livello 1 o al di sotto di questo livello, è diminuita di oltre 8 punti percentuali; in Ungheria, Germania e Svizzera gli studenti che non superano il livello 1 della scala sono diminuiti di 3-5 punti percentuali e in tutti questi casi la differenza è sempre significativa[7]. In questi paesi il miglioramento è dunque coinciso con una maggiore attenzione agli studenti più in difficoltà, cioè a quegli studenti che hanno competenze di lettura fragili, giudicate non sufficienti per muoversi nella società attuale.

Diverso è il caso dei paesi asiatici, dove il miglioramento è stato legato ad un aumento dei cosiddetti *top performers*, cioè degli studenti che si collocano ai livelli 5 o 6 della scala PISA di lettura: in Corea, Giappone e Hong-Kong la percentuale degli studenti eccellenti è cresciuta in modo significativo tra il 2000 e il 2009, con aumenti che vanno da 3 a oltre 7 punti percentuali. Questi paesi, quando hanno ricevuto i risultati del primo round di PISA, non si sono accontentati di essere nella parte alta della graduatoria, ma si sono preoccupati di quella che, secondo loro, era una percentuale ancora troppo bassa di studenti eccellenti e hanno preso una serie di misure per aumentare questa percentuale.

In ogni caso, i paesi che sono avanzati nella graduatoria dal 2000 al 2009 sono paesi nei quali, in questi nove anni, si sono messi in atto reali processi di riforma volti al miglioramento o misure mirate per affrontare problemi specifici.

Prendiamo, ad esempio, il caso della Germania: i risultati di PISA 2000, significativamente al di sotto della media internazionale (e analoghi a quelli dell'Italia!), hanno rappresentato un vero e proprio shock e hanno dato avvio a un dibattito che si è tradotto in un'ampia

dopo il livello 5, in modo – anche in questo caso – da avere una descrizione più precisa delle prestazioni degli studenti eccellenti.

[7] Un altro paese che ha visto una spettacolare diminuzione degli studenti che si collocano al di sotto del livello 2 della scala di lettura è il Cile, in cui tale percentuale è passata dal 48,2% al 30,6%, diminuendo di quasi 18 punti percentuali.

TAB. 2. *Cambiamento nel punteggio medio in lettura dei 34 paesi Ocse, PISA 2000-2009*

	Lettura					
	PISA 2000		PISA 2009		Cambiamento dal 2000 al 2009 (2009-2000)*	
	Media	E.S.	Media	E.S.	Diff.	E.S.
Corea	525	(2.4)	539	(3.5)	*15*	(6.5)
Finlandia	546	(2.6)	536	(2.3)	–11	(6.0)
Canada	534	(1.6)	524	(1.5)	–10	(5.4)
Nuova Zelanda	529	(2.8)	521	(2.4)	–8	(6.1)
Giappone	522	(5.2)	520	(3.5)	–2	(8.0)
Australia	528	(3.5)	515	(2.3)	*–13*	(6.5)
Belgio	507	(3.6)	506	(2.3)	–1	(6.5)
Norvegia	505	(2.8)	503	(2.6)	–2	(6.2)
Svizzera	494	(4.2)	501	(2.4)	6	(7.0)
Polonia	479	(4.5)	500	(2.6)	*21*	(7.1)
Islanda	507	(1.5)	500	(1.4)	–7	(5.3)
Stati Uniti	504	(7.0)	500	(3.7)	–5	(9.3)
Svezia	516	(2.2)	497	(2.9)	*–19*	(6.1)
Germania	484	(2.5)	497	(2.7)	*13*	(6.1)
Media Ocse-26	496	(0.8)	496	(0.5)	1	(5.0)
Irlanda	527	(3.2)	496	(3.0)	*–31*	(6.6)
Francia	505	(2.7)	496	(3.4)	–9	(6.6)
Danimarca	497	(2.4)	495	(2.1)	–2	(5.8)
Ungheria	480	(4.0)	494	(3.2)	*14*	(7.1)
Portogallo	470	(4.5)	489	(3.1)	*19*	(7.4)

TAB. 2. (*segue*)

Italia	487	(2.9)	486	(1.6)	–1	(5.9)
Grecia	474	(5.0)	483	(4.3)	9	(8.2)
Spagna	493	(2.7)	481	(2.0)	–12	(6.0)
Repubblica Ceca	492	(2.4)	478	(2.9)	*–13*	(6.2)
Israele	452	(8.5)	474	(3.6)	*22*	(10.5)
Cile	410	(3.6)	449	(3.1)	*40*	(6.9)
Messico	422	(3.3)	425	(2.0)	3	(6.3)

* I paesi che hanno cambiato posizione rispetto al 2000 e che nel 2000 si collocavano «intorno» all'Italia sono: Svizzera, Polonia, Germania, Ungheria, Portogallo, Grecia e Repubblica Ceca.

I paesi che nel 2009 non si differenziano significativamente dalla media Ocse sono quelli compresi tra gli Stati Uniti e il Portogallo (inclusi).

Nella penultima colonna sono indicate in corsivo le differenze significative (2009-2000).

gamma di misure, alcune delle quali a livello federale e altre a livello dei singoli *Länder*. Tra le innovazioni più rilevanti vi sono state l'introduzione di standard educativi nazionali, una revisione del curricolo con un maggiore orientamento dei processi di insegnamento-apprendimento alle competenze, l'introduzione di meccanismi di valutazione esterna [Ertl 2006], ma anche un aumento delle ore di istruzione e l'introduzione di misure volte a ridurre l'impatto del background sui risultati e le disparità legate all'immigrazione. Il risultato di questo insieme di misure è stato un aumento del punteggio medio di 13 punti (che salgono a 18 quando si controlla il background), una diminuzione di 4 punti percentuali degli studenti che si collocano al di sotto del livello 2 della scala di lettura e una diminuzione del 27% della varianza complessiva nei risultati [Oecd 2010e].

Un processo di riforma ancora più organico è stato messo in atto dalla Polonia, dove PISA ha fotografato il prima e il dopo. È stata cambiata la struttura del sistema di istruzione con una diversa segmentazione dei cicli e il prolungamento di un anno del tronco comune, si sono chiuse molte scuole piccole e se ne sono create di più grandi con maggiori risorse, si sono introdotti esami alla fine di ogni ciclo, con un impatto su come si insegna, oltre che sul che cosa. A distanza di nove anni dalla prima rilevazione di PISA, svolta subito prima dell'entrata in vigore della riforma, il punteggio medio è aumentato di 21 punti, gli studenti che non superano il livello 1 sono diminuiti di 8 punti percentuali e la varianza complessiva è diminuita del 20%.

Veniamo adesso all'Italia. Prendendo come punto di riferimento il 2009, dal 2000 a questa data il punteggio dell'Italia in lettura non è cambiato. Era 487 nel 2000 ed è 486 nel 2009. Se si considera la percentuale dei cosiddetti *top performers*, ai livelli più alti della scala di lettura, in Italia nel 2009 questi sono un po' meno del 6%, una percentuale che, con un aumento di mezzo punto percentuale, è analoga a quella del 2000. All'altro estremo della scala gli studenti deboli, al di sotto del livello 2, rappresentano il 21% degli studenti italiani nel 2009, uno studente su cinque, con un leggero aumento, di 2 punti percentuali, rispetto al 2000.

L'assenza di cambiamenti nel punteggio medio di lettura dell'Italia va però letta alla luce dei cambiamenti avvenuti nella popolazione scolastica. Incrociando infatti i risultati di lettura con i dati di tipo demografico, si osserva che, se i punteggi di lettura non sono cambiati in questi nove anni, gli studenti immigrati sono aumentati di oltre 4 punti percentuali nella popolazione dei quindicenni e – di essi – i tre quarti sono rappresentati da immigrati di prima generazione[8].

L'aumento di quindicenni immigrati registrato in Italia tra il 2000 e il 2009, in particolare per quanto riguarda gli immigrati di prima generazione, è uno dei più elevati dell'area dell'Ocse in questi 9 anni: passando dallo 0,9% al 5,3%, la proporzione di studenti immigrati è quintuplicata. Parallelamente è diminuito lo status socio-economico culturale complessivo dell'Italia, che è sceso da 0,03 nel 2000 a –0,12 nel 2009. Nell'area dell'Ocse presa nel suo complesso, viceversa, non si sono registrati cambiamenti significativi nella presenza di immigrati in questi 9 anni: se la percentuale di studenti immigrati di seconda generazione è cresciuta di 1,5 punti percentuali, quella di studenti immigrati di prima generazione è, invece, rimasta sostanzialmente immutata.

Alla luce di questo quadro, dunque, l'assenza di cambiamenti nei risultati di lettura dell'Italia tra il 2000 e il 2009 è un dato positivo, perché è stato contestuale all'azione di una demografia avversa. Inoltre, quando dalla lettura si passa agli altri ambiti valutati da PISA, si

[8] I dati di PISA distinguono tra tre categorie di studenti, in riferimento al paese di nascita: gli studenti autoctoni, nati nel paese nel quale svolgono la valutazione o studenti con almeno un genitore nato in quel paese; gli studenti immigrati di seconda generazione, nati nel paese dove svolgono la valutazione da genitori nati entrambi in un altro paese; gli studenti immigrati di prima generazione, nati in un altro paese da genitori nati entrambi in un altro paese.

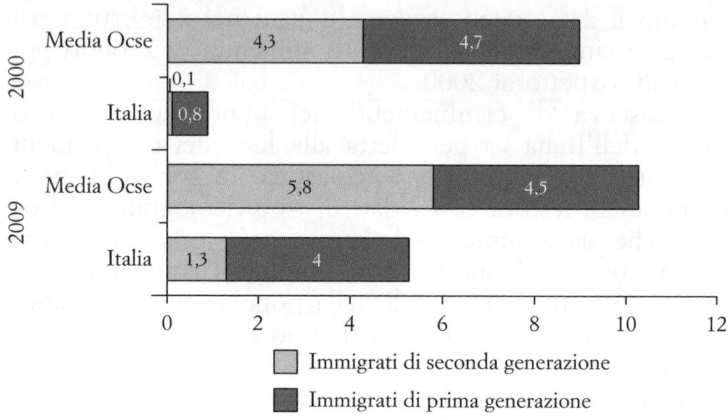

FIG. 6. Percentuale di studenti immigrati di prima e seconda generazione.

osserva un miglioramento significativo sia per la matematica (+17 punti) sia per le scienze (+13 punti), anche se occorrerà verificare la tenuta del progresso nelle prossime edizioni dell'indagine, quando, prima la matematica e poi le scienze, saranno nuovamente l'ambito principale della valutazione.

Il discorso sul cambiamento si precisa quando si passa a considerare i risultati delle macroaree.

I dati per macroarea mostrano che, mentre nelle aree del Nord vi è stata una diminuzione del punteggio medio di lettura (significativa nel caso del Nord-Est), nel Sud esso è aumentato leggermente, anche se non in modo significativo; mentre il punteggio delle aree del Sud è aumentato in modo significativo nella matematica e nelle scienze [INVALSI 2011].

La distribuzione degli studenti agli estremi della scala di lettura permette di avere un quadro più preciso dei cambiamenti. Un primo dato è che al Nord gli studenti deboli sono uno su sei, mentre sono uno su quattro al Sud e quasi uno su tre nel Sud Isole. Il confronto tra il 2000 e il 2009 evidenzia che la percentuale di studenti deboli è aumentata di circa 5 punti percentuali al Nord,

TAB. 3. *Cambiamento nel punteggio medio in lettura, matematica e scienze*[1]

	Lettura			Matematica			Scienze		
	2000	2009	Diff.	2003	2009	Diff.	2006	2009	Diff.
Media Ocse[2]	501	499	–2	500	499	0	498	501	+3
ITALIA	487	486	–1	466	483	+17	475	489	*+13*
Nord-Ovest	518	511	–7	510	507	–3	501	515	*+15*
Nord-Est	527	504	*–23*	511	507	–4	520	516	–4
Centro	488	488	0	472	483	+11	486	491	+5
Sud	467	468	+1	428	465	*+37*	448	466	*+19*
Sud Isole	445	456	+11	423	451	*–28*	432	454	*+22*

* In corsivo sono indicate le differenze significative.

[1] Il confronto è stato fatto tra l'ultima edizione di PISA, il 2009, e l'edizione in cui ciascun ambito di *literacy* ha costituito l'ambito principale della valutazione. Nel caso della lettura il confronto è ottimale, perché essa è l'ambito principale della valutazione sia nel 2000 sia nel 2009; la matematica è stata l'ambito principale della valutazione nel 2003 (e lo è pure nel 2012) e le scienze nel 2006.

[2] Il confronto della media Ocse nelle diverse edizioni di PISA è fatto calcolando la media sulla base dei paesi che hanno partecipato a entrambe le indagini. Questi sono 26 per la lettura (2000-2009), 28 per la matematica (2003-2009) e 33 per le scienze (2006-2009).

mentre al Sud essa è leggermente diminuita. Per quanto riguarda gli studenti eccellenti, questi al Nord sono tre volte tanto rispetto al Sud, ma nel Nord-Est essi sono leggermente diminuiti rispetto al 2000.

Tra i fattori che spiegano la riduzione delle differenze tra le aree del Nord e quelle del Sud vi è, in primo luogo, l'ineguale distribuzione degli studenti di origine immigrata, la cui presenza – come si è visto – è cresciuta notevolmente tra la prima e la quarta edizione di PISA. Gli studenti immigrati si concentrano nelle aree del Nord (8-9%) e, in misura minore, del Centro (7%), mentre sono una presenza percentualmente minima nel Sud.

Vi sono dunque ragioni per ritenere che l'aumento degli studenti «deboli» nelle aree del Nord sia in buona parte legato al cambiamento delle caratteristiche della popolazione scolastica.

Un altro fattore che contribuisce a spiegare la riduzione delle differenze tra Nord e Sud è il fatto che nelle

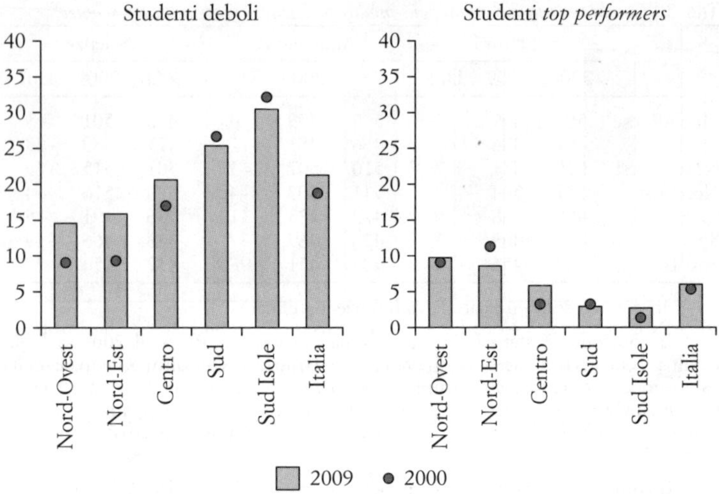

FIG. 7. Percentuale di studenti sotto il livello 2 e ai livelli 5-6, PISA 2000-2009.

aree del Sud (e in parte anche del Centro) non sono stati inclusi nel campione gli studenti della formazione professionale, che rappresentano tra il 6% e il 10% nelle aree del Nord.

Per quanto riguarda, invece, la leggera diminuzione degli studenti deboli nelle aree del Sud, uno dei fattori che potrebbe avere giocato positivamente è il progetto, realizzato dal Miur in collaborazione con l'INVALSI, per informare su PISA dirigenti scolastici e docenti della scuola secondaria di II grado delle regioni Obiettivo Convergenza (Campania, Calabria, Puglia e Sicilia)[9]. Il progetto, che ha coinvolto circa 20.000 insegnanti di italiano, matematica e scienze del biennio, potrebbe avere creato un contesto più favorevole allo svolgimento delle prove

[9] Si tratta del piano INVALSI-Miur di «Informazione e sensibilizzazione sull'indagine Ocse-PISA e altre ricerche internazionali», che rientra tra i Programmi operativi nazionali (PON) dei Fondi FSE e FESR.

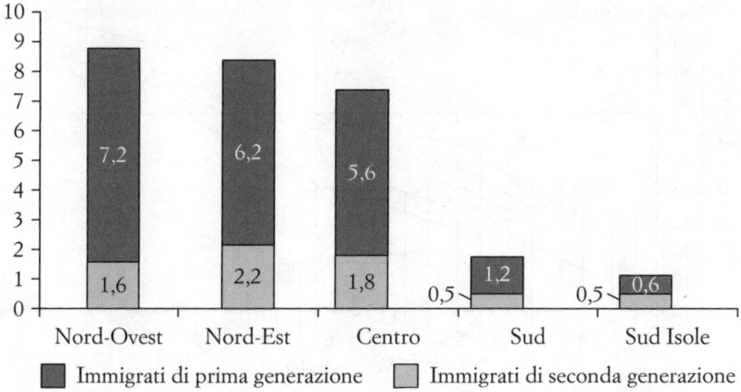

FIG. 8. Percentuale di immigrati di prima e seconda generazione per macroarea.

nel 2009, dato il collocamento temporale a ridosso della rilevazione. Occorre ora vedere se questa tendenza sarà confermata dalle prossime rilevazioni (i cui dati saranno resi pubblici nel dicembre 2013).

4. *Voti e risultati di PISA*

Anche nel 2009, come nelle precedenti edizioni di PISA, una delle domande del questionario rivolto agli studenti chiedeva di specificare il voto, in questo caso in italiano, ottenuto nell'ultima pagella. Il confronto tra voti in italiano e risultati in lettura nelle prove di PISA permette di esaminare la relazione tra una valutazione basata su criteri più soggettivi e legata a un contesto specifico, come i voti dati dai singoli insegnanti agli studenti di una classe, e una valutazione standardizzata, basata su criteri oggettivi di correzione, quale i punteggi di PISA.

La figura 9 presenta i punteggi in lettura che corrispondono, in media, ai voti che i ragazzi hanno ottenuto nell'ultima pagella (dal 4 o meno all'8 o più), per area geografica.

Se in tutte le macroaree vi è una correlazione positiva

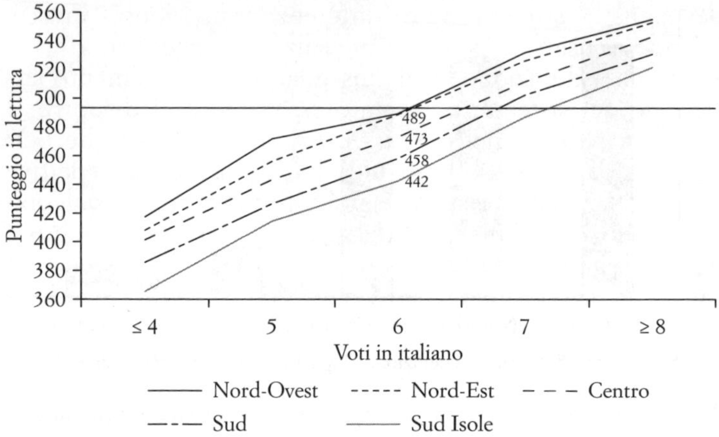

FIG. 9. Punteggi PISA in lettura corrispondenti ai diversi voti in italiano, per area geografica.

tra voti in italiano e punteggi PISA in lettura, per cui al crescere dei voti corrispondono punteggi progressivamente più alti nelle prove di lettura, i dati mostrano il décalage che c'è, passando dal Nord al Sud del paese, nel livello di competenza in lettura che corrisponde ai diversi voti.

Tra il 5 del Nord e il 5 del Sud vi sono 57 punti di differenza sulla scala PISA di lettura, ce ne sono 47 tra il 6 del Nord e quello del Sud e 45 tra i 7 delle due parti del paese. Mentre al Nord una sufficienza corrisponde a un livello di competenza di lettura in linea con la media Ocse, al Sud la stessa sufficienza corrisponde a un livello di competenza di 50 punti più basso rispetto alla media Ocse. Lo stesso voto, cioè, corrisponde a un livello di competenza notevolmente differente nelle diverse aree geografiche.

I voti che danno gli insegnanti, le valutazioni interne alla scuola, nascondono quelle differenze di competenza, sia perché mancano standard nazionali che definiscano in modo chiaro quali prestazioni corrispondono alla sufficienza e quali no, sia perché le valutazioni interne tengono conto del contesto-classe nel valutare le prestazioni dei singoli studenti. Le differenze emergono, invece, quando si usa una prova standardizzata, oggettiva.

Se la valutazione degli insegnanti è un elemento essenziale del sistema, altrettanto essenziale è il disporre, a intervalli regolari nel percorso scolastico, di dati che permettano di rimettere le medie «locali» in una prospettiva almeno nazionale, visto che poi i titoli di studio valgono all'interno di un mercato del lavoro nazionale e, sempre più oggi, globale.

Un dato positivo è che nel 2009 la sufficienza corrisponde, in Italia, all'analogo punteggio PISA del 2000 (468 nel 2000 e 470 nel 2009). Questo significa che in questi dieci anni il livello di esigenza degli insegnanti e delle scuole non si è abbassato, ma è rimasto costante, nonostante – tra l'altro – l'aumento della proporzione di studenti immigrati, di cui si è detto. Se questo è il dato nazionale, sarebbe interessante andare ad esaminare se vi siano scostamenti da questo trend nelle singole aree geografiche.

La figura 10 mostra i punteggi di PISA che corrispondono alla sufficienza nei diversi tipi di scuola per area geografica.

Come ci si può aspettare, in ciascuna area geografica il livello di competenza che corrisponde alla sufficienza è più alto nel segmento più esigente del sistema, i licei, mentre è più basso negli istituti tecnici e ancora più basso negli istituti professionali: tra il 6 in italiano dei licei e il 6 dei tecnici vi sono 50 punti o più di differenza sulla scala PISA di lettura e tra il 6 dei tecnici e quello dei professionali vi sono circa 40-50 punti di differenza, a seconda delle aree geografiche.

Il décalage è però molto marcato anche all'interno dei singoli tipi di scuola, tra le diverse aree geografiche. Con 55 punti di differenza tra il 6 dei licei del Nord e il 6 dei licei del Sud Isole, 69 punti tra la sufficienza dei tecnici delle due aree e 65 punti tra la sufficienza dei professionali delle due aree.

Questi dati mostrano l'importanza di una valutazione esterna oggettiva, come quella fornita dall'INVALSI, che

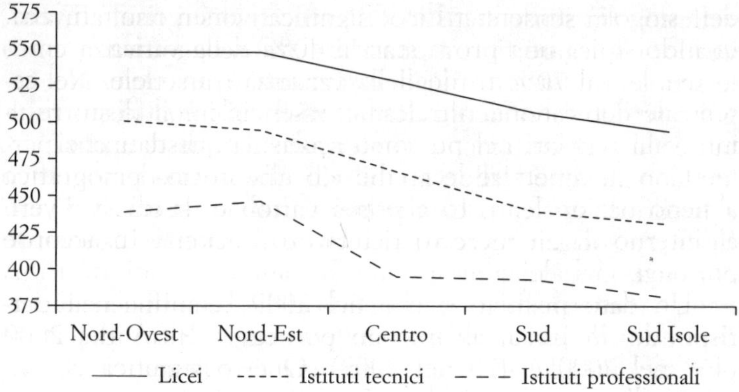

FIG. 10. Punteggi PISA in lettura corrispondenti al 6 in italiano, per tipo di scuola e macroarea.

metta a disposizione di ogni scuola, a determinati punti del percorso scolastico, dati comparabili a livello locale e nazionale.

5. *Fattori in relazione con i risultati*

Oltre che a fornire dati comparabili sulle prestazioni degli studenti in lettura, matematica e scienze, l'indagine ha l'obiettivo di individuare i fattori in relazione con i risultati degli studenti e del sistema, cioè i fattori che spiegano – in senso statistico – le differenze tra paesi e quelle rilevate all'interno di ciascun paese.

Le analisi multilivello condotte in questi anni nel nostro paese[10] hanno evidenziato diversi fattori che hanno un

[10] In questi anni, nel nostro paese sono state condotte diverse analisi, sia a livello nazionale sia a livello di singole regioni, sui fattori in relazioni con i risultati [Abburrà 2003; Bernardi, Martini e Zaccarin 2008; Borrione, Abburrà e Trinchero 2011; Borrione e Donato 2008; Mantovani e Ricci 2008; Martini e Ricci 2007, 2011a, 2011b; Martini e Zaccarin 2008; Ottaviani e Caione 2005; Tramonte e Caro Vasquez 2005; Zaccarin e Donati 2011]. Tali analisi, condotte con la metodo-

«effetto» (in senso statistico) significativo sui risultati, arrivando a spiegare fino a quasi il 40% della varianza entro le scuole e il 70% o più della varianza tra scuole. Nel seguito si riportano alcuni dei fattori il cui impatto sui risultati è stato ripetutamente confermato da queste analisi.

Cominciamo dalle variabili di tipo socio-demografico a livello di studenti. Una prima variabile di cui si è verificata l'associazione con i risultati è il genere. In accordo con ripetute indagini in questo campo, i dati di PISA hanno confermato il «vantaggio» delle femmine nella lettura e quello dei maschi in matematica, mentre in scienze non si sono rilevati effetti differenziali sistematici tra maschi e femmine.

Un altro fattore, associato questo negativamente con i risultati, è l'origine immigrata. A parità delle altre variabili, l'origine immigrata comporta un punteggio signi-

logia della regressione multilivello, tengono conto del fatto che i dati sulla scuola hanno una struttura gerarchica, o annidata, cioè che gli studenti non sono isolati, ma raggruppati in classi e queste – a loro volta – in scuole. Gli individui sono influenzati dal gruppo al quale appartengono e lo influenzano a loro volta, per cui si rileva un effetto delle caratteristiche socio-demografiche e del livello di abilità del gruppo che va al di là dell'effetto delle caratteristiche socio-demografiche e del livello di abilità del singolo. Inoltre, in molti casi nell'istruzione, per fenomeni di selezione o di autoselezione, gli studenti di una stessa scuola tendono a essere più simili tra loro rispetto a un insieme di caratteristiche socio-demografiche e di preparazione, rispetto agli studenti di scuole diverse, con una correlazione nelle variabili misurate che è più elevata tra i soggetti dello stesso gruppo che tra quelli di gruppi diversi. La metodologia di analisi multilivello tiene conto di questa struttura gerarchica dei dati, al fine di evitare di ottenere stime distorte delle variabili considerate (cosa che succede quando si ignora la cosiddetta correlazione intraclasse) e di individuare l'effetto di ciascun fattore al netto degli altri fattori/livelli. Lo stesso disegno di campionamento delle indagini sulla scuola, normalmente, riproduce la struttura gerarchica dei dati. Il campione di PISA è un campione probabilistico a due stadi, dove le prime unità del campionamento sono le scuole e, all'interno di queste, la seconda unità di campionamento sono gli studenti. Dato il disegno di campionamento, nel caso di PISA i livelli di analisi sono due: studenti e scuole.

ficativamente e notevolmente più basso rispetto a quello degli studenti autoctoni[11].

Se occorre cautela nel confrontare a livello internazionale lo scarto tra studenti nativi e immigrati, dal momento che – in relazione alle politiche che regolano l'immigrazione nei diversi paesi – cambia notevolmente da un paese all'altro il profilo socio-economico, culturale e linguistico della popolazione immigrata, guardare oltre i confini nazionali è comunque interessante. Uno dei paesi che meriterebbe di essere oggetto di studio, per vedere le misure messe in atto per migliorare le prestazioni degli studenti immigrati, è la Germania, che dal 2000 al 2009 è riuscita a ridurre di 38 punti lo scarto nei punteggi di lettura di studenti nativi e studenti immigrati di prima generazione, contribuendo, con questo, a innalzare il risultato complessivo al di sopra della media Ocse [Siniscalco 2011b, 105].

Ugualmente negativo è l'effetto della lingua parlata a casa quando questa non è la lingua nella quale si svolge la prova[12].

L'effetto del background socio-economico e culturale non è significativo, quando si considera il background individuale, a livello di studenti entro le scuole.

Passando alle variabili, sempre individuali, relative al percorso scolastico, una variabile che ha un «effetto» significativo sui risultati, in tutti gli ambiti di *literacy* considerati dalle diverse edizioni di PISA, è la regolarità del percorso. La differenza tra studenti regolari e studenti in ritardo, che hanno ripetuto uno o più anni scolastici, è marcata e significativa e rimane tale anche quando si controllano tutte le

[11] A differenza di quanto succede in paesi quali Australia, Canada o Nuova Zelanda, dove le politiche che regolano l'immigrazione tendono a favorire l'arrivo di lavoratori qualificati, nel caso dell'Italia l'immigrazione riguarda principalmente mano d'opera non qualificata.

[12] Più precisamente l'effetto negativo della variabile «lingua parlata a casa» si riscontra per le risposte categorizzate come *missing*, cioè per quegli studenti che non hanno risposto alla domanda o hanno risposto in modo non valido, presumibilmente studenti immigrati che non sono stati in grado di selezionare in modo corretto, tra le alternative proposte, la risposta adeguata per la loro situazione.

altre variabili a livello di studente e di scuola. Se, da un lato, questo è un dato atteso, dall'altro esso indica – come emerge chiaramente anche a livello internazionale – che la bocciatura non è un modo efficace per risolvere i problemi degli studenti più deboli. I paesi con tassi di ripetenza elevati, anzi, tendono ad avere risultati complessivi più bassi e un minor grado di equità, cioè un più forte impatto del background sui risultati [Oecd 2010d].

Sempre a livello di caratteristiche individuali, vi sono poi quelle che hanno a che fare con la motivazione e gli atteggiamenti, da un lato, e con le abilità di studio e le strategie metacognitive, dall'altro[13] [Oecd 2010c].

Un indice «piacere per la lettura» è stato costruito in PISA sulla base dell'accordo dichiarato dai ragazzi, su una scala a quattro livelli, rispetto ad affermazioni quali «leggere è uno dei miei passatempi preferiti», «sono contento quando ricevo in regalo un libro», «leggo solo se sono costretto», ecc. Un'unità su questo indice comporta un aumento significativo nel punteggio di lettura, anche dopo avere controllato tutte le altre variabili a livello individuale e di scuola. Il fatto che la lettura costituisca un'attività a cui ci si dedica volentieri gioca, cioè, un forte impatto sui risultati, che rimane anche quando si controllano le caratteristiche socio-demografiche e anzi giunge a mediarle: una forte motivazione nei confronti della lettura riesce a colmare differenze significative di origini socio-economiche [Kirsch *et al.* 2002]. È chiaro che c'è una relazione circolare tra l'amare leggere e l'essere competenti in lettura. Tuttavia vale la pena di sottolineare l'importanza della motivazione alla lettura rispetto ai risultati, perché la scuola – in alleanza con la famiglia – può inserirsi in questa relazione e favorirla, adoperandosi perché, il prima possibile, la lettura diventi un'attività a cui i ragazzi si dedicano per piacere personale.

[13] Occorre notare che queste caratteristiche sono ricavate dalle risposte degli studenti a domande autodescrittive, piuttosto che da osservazioni dirette, ma i dati che si ottengono sono correlati in modo significativo con i risultati e forniscono informazioni utili.

Tra le strategie di studio, le analisi hanno sistematicamente evidenziato l'effetto negativo, sui risultati, del ricorso a strategie di tipo mnemonico: leggere e cercare di memorizzare informazioni, in modo da essere in grado di ripeterle, non è in relazione con la capacità di rapportarsi in modo avvertito alle informazioni scritte.

Viceversa, più analisi hanno rilevato un effetto positivo, sui risultati di *literacy*, del ricorso a strategie di controllo del proprio apprendimento, quali il controllare se si è capito tutto, il cercare informazioni supplementari per chiarire i punti che non si sono compresi, il cercare di fissare le informazioni principali, ecc.

Un impatto positivo sui risultati di lettura, inoltre, lo hanno anche due indici, introdotti in PISA 2009, che hanno a che fare con le strategie metacognitive e più precisamente con la consapevolezza delle strategie efficaci, rispettivamente, per comprendere e ricordare un testo e per riassumerlo. La padronanza di strategie metacognitive efficaci di elaborazione delle informazioni di un testo ha un impatto positivo significativo sulla *reading literacy*, che rimane tale anche dopo avere controllato tutti gli altri fattori.

Infine, un fattore di cui diverse analisi hanno sottolineato la relazione positiva con i risultati è la padronanza delle tecnologie dell'informazione e della comunicazione, ma solo quando questa coincide con un uso esperto, cioè con la capacità di svolgere compiti di alto livello nell'uso del computer e di Internet, e non semplicemente con lo spendere molto tempo al computer per fare i compiti o divertirsi (fattore che invece è associato a un effetto negativo sui risultati).

Passiamo adesso alle variabili esplicative di secondo livello, cioè alle caratteristiche a livello di scuola.

Lo status socio-economico della scuola, ottenuto dalla media dello status socio-economico degli studenti che la frequentano, è una delle variabili che ha un effetto significativo marcato sui risultati degli studenti, a prescindere dall'ambito della valutazione. Questo significa – come evidenziato fin dalla prima indagine PISA – che la composizione socio-economica della scuola ha un impatto sui risultati dei singoli studenti che è decisamente più forte dell'impatto del loro background individuale.

Un'altra variabile, a livello di scuola, con un forte impatto sui risultati è la gestione, statale o non statale, con un punteggio significativamente più alto per la prima. La differenza tra scuola statale e non statale, inoltre, aumenta quando si tengono sotto controllo le caratteristiche socio-economiche e culturali degli studenti e delle scuole, dal momento che il background è tendenzialmente più alto nelle scuole non statali[14].

Infine, per quanto riguarda il tipo di scuola, gli studenti iscritti ai professionali hanno un punteggio significativamente più basso rispetto a quelli iscritti a un Tecnico, anche quando si controlla il background di studenti e scuole. Viceversa, la differenza tra tecnici e licei per lo più non è significativa, una volta che si controllino le caratteristiche socio-economiche di questi due tipi di scuola, a indicare che il vantaggio dei licei è in gran parte dovuto al vantaggio nelle caratteristiche socio-economiche del suo corpo studentesco. L'effetto negativo dell'Istituto professionale non risulta più significativo, invece, quando si controlla – oltre al background – anche il livello di abilità in ingresso, cosa che si è fatto nel 2006 per la regione Veneto, quando ai dati di PISA sono stati affiancati i giudizi ottenuti dagli studenti nell'esame di licenza media [Martini e Zaccarin 2008]. Questi dati mostrano che l'effetto negativo dell'Istituto professionale è spiegato in gran parte dal livello, basso, di abilità degli studenti che si iscrivono ad esso, piuttosto che da un suo scarso funzionamento. La disponibilità di dati longitudinali, basati su prove oggettive, sarebbe necessaria per replicare e precisare questo andamento.

[14] Il vantaggio della scuola statale rispetto alla scuola non statale, in Italia, è pari a 38 punti. Quando si controlla il background socio-economico a livello di studenti, esso sale a 46 punti e sale ulteriormente a 60, quando si controlla il background di studenti e scuole [Oecd 2010d].

Sempre a livello di scuola sono, infine, risultate avere un effetto significativo due variabili che hanno a che fare con quello che succede nella classe. Un primo fattore, per il quale si è registrato un effetto positivo sui risultati di scienze, è il numero di ore di insegnamento di scienze. Un secondo fattore, incluso nelle indagini del 2000, del 2003 e del 2009, è il «clima disciplinare». Esso è stato misurato chiedendo agli studenti con che frequenza si verifichino situazioni che disturbano le lezioni di italiano (nel 2000 e 2009) e di matematica (nel 2003), come ad esempio il fatto che in classe ci sia rumore e confusione, che l'insegnante debba aspettare a lungo prima che gli studenti facciano silenzio, che gli studenti non ascoltino ciò che dice l'insegnante, ecc. Le risposte degli studenti a tali domande sono state utilizzate per costruire un indice del clima disciplinare, che fornisce indicazioni sulla misura in cui l'ambiente della classe durante le lezioni è favorevole all'insegnamento-apprendimento, in base alla percezione degli studenti. I dati dell'analisi multilivello hanno mostrato che, a parità di tutte le variabili individuali e di scuola considerate, l'aumento di un'unità dell'indice del clima disciplinare ha un effetto positivo significativo sul punteggio di *literacy*.

Le indicazioni che emergono dalle analisi multilivello sono particolarmente rilevanti, perché misurano l'effetto di ciascun fattore «depurandolo» da quello dei fattori ad esso correlati e tengono conto – come si è detto – della struttura gerarchica delle osservazioni e dei dati. Alcuni dei fattori che hanno un effetto positivo sui risultati, e in particolare – a livello individuale – quelli di tipo motivazionale e le strategie metacognitive e – a livello di scuola – il clima disciplinare, possono essere oggetto di attenzione mirata nei processi di insegnamento-apprendimento. Per quanto riguarda le variabili di tipo socio-demografico, viceversa, la scuola non può certamente cambiarle, ma i dati di PISA possono essere, e sono stati, il punto di partenza per indagini qualitative, con l'obiettivo di studiare cosa fanno i paesi nei quali il sistema di istruzione riesce a mediare più efficacemente il loro impatto.

	Effetto negativo	Effetto positivo
Variabili individuali	Genere F matem. Origine immigrata Lingua a casa (altra) Ritardo No scuola infanzia Studio-memorizzare	Genere F lettura Piacere per la lettura Padronanza TIC Strat. compr./ricord. Strat. riassumere Aspettative vs. studi
Variabili di scuola	Gest. paritaria Tipo scuola IP	ESCS scuola Tipo scuola Liceo Ore di lez. (scienze) Clima disciplinare

FIG. 11. Fattori con «effetti» negativi e positivi sui risultati di PISA in base alle analisi multilivello.

Riferimenti bibliografici

Abburrà, L. (2006), *I risultati regionali di PISA 2003 a confronto: un'analisi causale con modelli multilevel*, in Id. (a cura di), *PISA 2003: bravi come gli altri*, Milano, Franco Angeli, pp. 105-128.

Bernardi, L., Martini, A. e Zaccarin, S. (2005), *Analisi multilivello dell'impatto di variabili individuali e scolastiche sulle prestazioni in matematica e lettura*, in M.T. Siniscalco e C. Marangon (a cura di), *Gli studenti quindicenni nel Veneto: quali competenze? Rapporto regionale del Veneto Ocse-PISA 2003*, Venezia, USR Veneto, pp. 209-235.

Borrione, P., Abburrà, L. e Trinchero, R. (2011), *Caratteristiche individuali e di contesto e variabilità dei risultati: un modello multilivello*, in *Ocse-PISA 2009: i risultati del Piemonte a confronto con le altre regioni italiane e straniere*, Torino, IRES, pp. 103-109.

Borrione, P. e Donato, L. (2008), *Il modello di analisi multilevel*, in L. Abburrà e S. Mosca (a cura di), *PISA 2006: le*

competenze dei quindicenni in Piemonte a confronto con le regioni italiane ed europee, Torino, IRES, pp. 71-78.
Bratti, M., Checchi, D. e Filippin, A. (2008), *Da dove vengono le competenze degli studenti? I divari territoriali nell'indagine Ocse-PISA 2003*, Bologna, Il Mulino.
Ertl, H. (2006), *Educational standards and the changing discourse on education: the reception and consequences of the PISA Study in Germany*, in «Oxford Review of Education», vol. 32, n. 5, pp. 619-634.
INVALSI (2011), *Le competenze in lettura, matematica e scienze degli studenti quindicenni italiani*, disponibile sul sito www.invalsi.it/invalsi/ri/Pisa2009/documenti/RAPPORTO_PISA_2009.pdf.
Kirsch, I., de Jong, J., Lafontaine, D., Mc Queen, J., Mendelovits, J. e Monseur, C. (2002), *Reading for change. Performance and engagement across countries. Results from PISA 2000*, Paris, Oecd.
Mantovani, D. e Ricci, R. (2008), *Caratteristiche individuali, caratteristiche delle scuole e competenza in scienze in Emilia Romagna*, in G. Gasperoni (a cura di), *Le competenze degli studenti in Emilia Romagna – I risultati di PISA 2006*, Bologna, Il Mulino, pp. 197-226.
Martini, A. (2011a), *Analisi multilivello degli effetti delle caratteristiche degli studenti e delle scuole sui risultati di lettura del Trentino*, in A. Martini e F. Rubino (a cura di), *I risultati degli studenti trentini in lettura. Rapporto Provinciale PISA 2009*, Trento, IPRASE, pp. 167-185.
– (2011b), *Ocse-PISA: è vero che stiamo migliorando?*, in «Rivista dell'istruzione», anno XXVII, vol. 2, pp. 63-70.
Martini, A. e Ricci, R. (2007), *I risultati PISA 2003 degli studenti italiani in matematica: un'analisi multilivello per tipologia di scuola secondaria*, in «Induzioni. Demografia, probabilità, statistica a scuola», n. 1, pp. 73-93.
– (2011a), *Caratteristiche individuali, caratteristiche delle scuole e competenza in lettura*, in A.M. Benini (a cura di), *Le competenze dei quindicenni in Emilia Romagna – I risultati Ocse-PISA 2009*, Napoli, Tecnodid, pp. 177-206.
– (2011b), *Effetti di variabili individuali e di variabili scolastiche sulla comprensione della lettura: analisi multilivello dei dati PISA 2009 dell'Alto Adige*, in M.T. Siniscalco e R. Meraner (a cura di), *PISA 2009 – Risultati dell'Alto Adige*, Bolzano, Provincia Autonoma di Bolzano, pp. 185-208.

Martini, A. e Zaccarin, S. (2008), *Analisi multilivello dell'influenza delle caratteristiche individuali e di scuola sulle prestazioni in scienze*, in C. Marangon (a cura di), *Le competenze degli studenti quindicenni nel Veneto – Rapporto regionale del Veneto Ocse-PISA 2006*, Venezia, Miur USR Veneto, pp. 195-220.

Oecd (2010), *Pathways to success: how knowledge and skills at age 15 shape future lives in Canada*, Paris.

– (2010a), *PISA 2009 results: What students know and can do*, Paris, vol. I.

– (2010b), *PISA 2009 results: Overcoming social background*, Paris, vol. II.

– (2010c), *PISA 2009 results: Learning to learn*, Paris, vol. III.

– (2010d), *PISA 2009 results: What makes a school successful*, Paris, vol. IV.

– (2010e), *PISA 2009 results: learning trends*, Paris, vol. V.

Ottaviani, M.G. e Caione, P. (2005), *Competenze in lettura e matematica dei 15-enni italiani scolarizzati: riflessioni su PISA 2000*, in «Statistica e Applicazioni», vol. 1.

Siniscalco, M.T. (2011a), *La competenza di lettura degli studenti dell'Emilia Romagna*, in A.M. Benini (a cura di), *Le competenze dei quindicenni in Emilia Romagna – I risultati Ocse-PISA 2009*, Napoli, Tecnodid, pp. 43-91.

– (2011b), *Aspetti relativi all'equità del sistema*, in M.T. Siniscalco e R. Meraner (a cura di), *PISA 2009 – Risultati dell'Alto Adige*, Bolzano, Provincia Autonoma di Bolzano, pp. 93-115.

Tramonte, L. e Caro Vasquez, D. (2005), *Un'analisi multivariata sui fattori di scuola ed extra scolastici legati alle performance in matematica e problem-solving degli studenti*, in T. Pedrizzi (a cura di), *Ocse-PISA 2003. Risultati degli studenti lombardi: contesti di apprendimento e scenari di intervento*, Milano, Franco Angeli, pp. 154-163.

Zaccarin, S. e Donati, C. (2011), *Influenza delle caratteristiche individuali e di scuola sulle prestazioni in lettura: risultati dell'analisi multilivello*, in C. Marangon (a cura di), *Nove anni di PISA: le competenze degli studenti quindicenni nel Veneto – Rapporto regionale del Veneto Ocse-PISA 2009*, Venezia, Miur USR Veneto, p. 121.

CAPITOLO QUINTO

L'ESPERIENZA VALUTATIVA DI INVALSI

Con questo mio contributo vorrei avviare una riflessione sull'esperienza alla guida dell'INVALSI mia e di molti che hanno partecipato al convegno che è all'origine di questo volume; riflessione che nasce dalle preoccupazioni che, nel 2007, avevamo, prima tra le quali era «cosa possiamo fare?». I cassetti erano assolutamente vuoti, di soldi e di idee; quindi abbiamo dovuto reinventare tutto.

Ci siamo chiesti prima di tutto quali fossero i fatti; quale fosse il problema fondamentale della nostra scuola; quali i possibili rimedi. Ci siamo dati alcune risposte che hanno guidato la nostra azione negli anni successivi; siamo andati molto avanti nell'agenda, ma moltissimo resta da fare e soprattutto rimangono aperte alcune questioni di fondo, che forse potremmo cominciare ad affrontare oggi.

I fatti. Intanto una precisazione metodologica: la scuola o le scuole?

Perché è importante farsi questa domanda? Perché la risposta prefigura due possibili scenari alternativi che richiedono strategie di azione profondamente diverse.

Partiamo da un paio di esempi per capire. Supponete di avere due sistemi scolastici, ad esempio Italia e Germania. Immaginate che vi sia una dispersione dei risultati nei punteggi PISA, in Germania e in Italia. Immaginate che in media i risultati della Germania siano migliori di quelli dell'Italia. Dietro questa differenza nelle medie ci possono essere due situazioni molto diverse:

a) tutte le scuole della Germania vanno meglio di tutte le scuole italiane. Cioè le peggiori scuole tedesche

Questo capitolo è di Piero Cipollone.

hanno risultati migliori delle migliori scuole italiane. Questo significa che, per quanto una scuola italiana possa migliorare, al massimo può avvicinarsi ai risultati delle peggiori scuole tedesche;

b) l'altro esempio è che, nonostante la media dell'Italia sia sotto la media tedesca, ci siano tante scuole italiane che hanno risultati altrettanto buoni di quelle tedesche. In questo caso la media dei risultati italiani è più bassa di quella dei risultati tedeschi perché ci sono tante scuole italiane che performano male. Tuttavia la differenza non deriva dal fatto che c'è qualcosa di intrinseco nel sistema italiano che causa risultati peggiori di quelli tedeschi. È come se in Italia molte scuole, pur conoscendo la tecnologia per produrre buoni risultati, non sanno utilizzarla, o la usano peggio di quanto facciano analoghe scuole tedesche.

Se prevale il caso *b*), le differenze nei risultati non possono dipendere da fatti sistemici, come le norme, i regolamenti, le risorse, elementi che coinvolgono tutte le scuole nella stessa misura. La vera questione è dunque perché, nonostante i regolamenti, i tagli, alcune scuole fanno bene e altre no?

Nel caso *a*) c'è invece qualcosa di sistemico, che rende tutte le scuole italiane peggiori di quelle tedesche. Il rimedio in questo caso deve perciò essere un intervento sistemico, cioè una grande riforma che rimuova le cause endemiche.

L'evidenza empirica che abbiamo suggerisce che il caso *b*) è quello prevalente.

Grazie ai dati PISA, abbiamo scoperto che l'esempio illustrato nel caso *b*) prevale anche all'interno dell'Italia: in media il Nord-Est ha risultati migliori del Nord-Ovest, del Centro, del Sud e del Sud con isole. I licei in genere hanno risultati migliori dei tecnici e dei professionali, indipendentemente dall'area geografica. La cosa interessante, però, è che all'interno della stessa area geografica e della stessa tipologia di scuola ci sono enormi differenze. Per esempio nel Nord-Est nel 2003, gli studenti dei migliori licei avevano un punteggio medio di 630, mentre quelli dei licei meno brillanti avevano un punteggio medio sotto i 500. Si tratta di 140 punti che rappresentano una differenza rilevantissima, se si tiene conto che le stime dell'Ocse indicano che un anno di istruzione vale 35 punti.

Questa è la realtà di una scuola dove le decisioni in materia di allocazione delle risorse finanziarie e degli insegnanti sono altamente centralizzate. Come è possibile che si viva nella stessa area geografica, si frequenti lo stesso tipo di scuola e si ottengano risultati tanto diversi? Si potrebbe dire che tutto dipende dal fatto che anche tra licei della stessa area geografica esistono condizioni molto diverse in termini di condizioni socio-economiche dei ragazzi che li frequentano.

Tuttavia, anche depurando i dati dall'effetto di queste ultime, le differenze restano. Perciò a parità di tipo di scuola, a parità di regione, a parità di condizione socioeconomica, quindi a parità di famiglia di provenienza e quindi di contesto, fra le scuole migliori e le scuole peggiori ci sono più di 100 punti PISA di differenza.

Per lungo tempo ho pensato che questo fosse un dramma – e in effetti lo è –, ma ho capito che c'è anche un'opportunità, perché questo significa che molto dipende da ciò che succede a livello di scuola.

Quelli che vi ho indicato prima erano i dati dei quindicenni, i prossimi, invece, sono i risultati della scuola dell'obbligo; si tratta della quota della varianza tra scuole sul totale della varianza degli apprendimenti, per diverse classi e per diverse aree geografiche. Grazie ai dati INVALSI abbiamo queste informazioni. Nelle scuole elementari italiane c'è una quota, che è attorno al 25%, di varianza tra scuole. Secondo me è un risultato accettabile e soprattutto è un buon segno che esso non cambi di molto tra la seconda e la quinta elementare. È un fatto interessante, perché indica quanto la scuola dell'obbligo sia in grado di contenere la diseguaglianza, dato che negli apprendimenti la tendenza naturale, senza correzioni, è quella dell'ampliarsi delle differenze. Se il sistema venisse lasciato a se stesso, le differenze tenderebbero ad ampliarsi, in virtù del fatto che l'apprendimento è un processo cumulativo. Il fatto che in quinta elementare la varianza tra scuole sia simile a quella di seconda, significa che la scuola elementare, sebbene non riesca a ribaltare gli svantaggi iniziali, perlomeno non li amplifica e quindi in qualche modo li contiene.

La stessa cosa non succede nella scuola media. Nella scuola media le differenze passano da meno del 20% della prima al 45% della terza. È un fenomeno che accomuna tutte le aree territoriali.

Ci si potrebbe chiedere se veramente dobbiamo essere preoccupati di un simile fenomeno. Supponiamo che le nostre preferenze fossero a favore di una società elitaria, nella quale i migliori stiano assieme ai migliori, nell'aspettativa che dalla loro interazione prima nella scuola e poi nella società si generino risorse sufficienti a garantire il benessere per tutti. In questo caso una forte varianza tra scuole non sarebbe un problema, in quanto frutto di una cosciente e informata decisione collettiva.

È un problema, però, se nessuno ha scelto un tale equilibrio. Ho ritrovato una frase riportata nelle pagine di Giovanni Cominelli e non l'ho mai più scordata: *ignoranti quem portum petat nullus suus ventus est*, che nella mia rozza traduzione significa che «a chi non sa in che porto andare nessun vento è favorevole». La mia sensazione è che le nostre scuole non sappiano in che porto vogliono andare, ma non sanno neanche in che porto sono. Ecco la prova. Se si guarda ai voti che la scuola dà ai propri studenti, sembra che l'Italia sia tutta uguale. Questo significa che al Sud i 5 hanno la stessa proporzione del Nord e del Centro; in generale le due distribuzioni si equiparano perfettamente. Questa è la rappresentazione che la scuola ci dà di se stessa, attraverso i sistemi standard.

Adesso abbiamo due misure. Una tende a quantificare le conoscenze, qualcosa che ha a che fare con la qualità dell'apprendimento. Dall'altro lato abbiamo le misure che la scuola ci dà di se stessa, i voti, gli scrutini, i promossi e i bocciati. La seconda ci dice che l'Italia è tutta uguale, non c'è differenza. L'altra misura, invece, ci dice che ci sono differenze enormi. Il problema è che queste misure sono assolutamente incoerenti tra loro.

In media, al Sud, chi ha ricevuto 5 in matematica, aveva uno *score* in PISA intorno al 405. Per lo stesso voto, una persona che prendeva 5 al Centro aveva uno *score*, in media, in PISA di 450. Al Nord aveva 480. Letto in termini scandalistici, questo dato dice che una persona che prendeva 4 in matematica al Nord aveva la stessa competenza, come misurata da PISA, di una persona che prendeva 8 al Sud. Questo dicono i numeri, i fatti. Come può una scuola vivere in questa condizione di assoluta ignoranza? A chi non crede ai dati PISA, l'INVALSI fornisce un'altra evidenza attraverso la ricorrezione di un certo numero di temi di maturità, eseguita da insegnanti di italiano con almeno 10 anni di esperienza negli esami di maturità. Questi sono i risultati: in media i correttori dicono che il 57% degli elaborati di italiano è insufficiente, a fronte di un giudizio analogo delle commissioni di esame del 12%. Nei licei la quota degli elaborati giudicati insufficienti da professori di liceo era del 38%, nei tecnici ammontava al 75%. Tre su quattro, dopo 13 anni di scuola, vengono valutati insufficienti nella materia principe, cioè la capacità di esprimersi in forma scritta.

Queste misure di competenze sono fondamentali, perché hanno un riflesso molto concreto nella vita delle persone. I risultati di Eric Hanushek dicono che il tasso di crescita del reddito pro capite di un paese aumenta dell'1,7% se si incrementa di una *standard deviation* il punteggio PISA, cioè di 100 punti. Sostanzialmente è poco più della differenza tra il Nord e il Sud di questo paese.

Quali sono le implicazioni di queste riflessioni?

La prima è che forse non c'è bisogno della grande riforma, cioè quella con la «R» maiuscola. Le grandi riforme della scuola possono innalzare il potenziale delle scuole, ma siamo sicuri che le nostre scuole siano in grado di sfruttare quel potenziale aggiuntivo? Perché non sfruttano quello che hanno adesso? Già oggi c'è un enorme potenziale non sfruttato. Inoltre le grandi riforme hanno enormi costi politici: se si fanno quelle, non si fa altro per anni. Si paralizza la scuola, l'attività, ci sono le proteste, i Cobas, gli articoli sui giornali; nel frattempo i ragazzi continuano a frequentare scuole che non funzionano.

C'è un ulteriore problema: di grandi riforme si può morire, perché si sviluppa un senso di frustrazione dovuto alla sensazione che nulla funzioni. Per anni abbiamo pensato che ci fosse una soluzione, cioè costruire un bel sistema di *accountability*, così da costringere i pigroni che stanno alla fine della distribuzione a darsi da fare e muoversi verso l'alto. Perché non facciamo un bel sistema *accountable*, così costringiamo veramente tutte le scuole a darsi da fare? È un'ottima idea. Però proviamo ad articolare i ragionamenti.

Che cos'è un sistema di *accountability*? È una relazione fra due soggetti che si sviluppa lungo cinque dimensioni: c'è un soggetto che si chiama il *principal*, che dice a un altro soggetto, che si chiama agente, che deve fare una cosa, dicendola con chiarezza. Poi gli dice che, per fare quella cosa, gli dà queste risorse. Successivamente, dice ancora che vuole vedere i risultati che ottiene e li vuole vedere sulla base di informazioni affidabili, non come quelle viste prima. Infine c'è l'*enforcement*: se non hai conseguito i tuoi risultati, ti faccio questo o quest'altro. Questo è lo schema logico di *accountability*. Il problema è che nella scuola bisogna sapere quanti *principals* e quanti *agents* abbiamo. Ci sono i cittadini, i decisori politici come *principal* e ci sono decisori politici, strutture territoriali e scuole come agenti. La relazione dunque è molto complicata, perché si ha una relazione di *accountability* che parte dai cittadini verso i politici, che si chiama *voice*, poi c'è una relazione di *accountability* che va dai decisori politici ai *provider* dei sistemi di soluzioni, che possono essere sia l'amministrazione periferica della scuola sia le scuole stesse, e poi una relazione di *client power*, cioè quella delle famiglie che hanno i figli a scuola e che si confrontano con la *front line* dell'istruzione.

Costruire un sistema di *accountability* significa costruire questo intero sistema. Se manca una gamba, non tiene il sistema. Come si fa a chiedere alle scuole di essere *accountable*, se non gli si è dato un mandato chiaro e le risorse simultaneamente? Come si fa a chiedere ai decisori politici di essere *accountable* sull'istruzione, quando in campagna elettorale nessuno si impegna a portare PISA da x a y? Avete mai sentito dire questo in campagna elettorale? Mai, ma non solo in Italia.

Nella versione italiana dell'*accountability*, stiamo pensando a un sistema di *accountability* che ha solo una gamba, quella basata sul rapporto tra i decisori politici e i *providers*, basato sul diritto amministrativo, su premi alle scuole e su premi agli insegnanti. Onestamente non so se possa funzionare.

I dubbi derivano dalla mancanza di chiarezza su molti aspetti. Da oggi in poi viene detto alle scuole che sono responsabili degli apprendimenti misurati secondo i dati INVALSI. Non gli si dice nulla circa le risorse o sul mandato. In questo contesto, qual è l'incentivo a non manipolare i dati o ad insegnare ai ragazzi solo per aiutarli a fare bene nei test? La cosa singolare, in tutto questo, è che si creano singolari alleanze, per cui genitori preoccupati, magari molto interessati alla sorte dei loro figli, si alleano con il gruppo degli insegnanti più conservatore, cioè quelli che non vogliono che il loro operato sia sottoposto ad alcuno scrutinio.

Queste considerazioni non implicano che siamo condannati all'impotenza. C'è un'altra citazione che mi piace molto; è l'inizio di *Anna Karenina*: «Tutte le famiglie felici si assomigliano fra loro, ogni famiglia infelice lo è a suo modo». Cambiate la parola «famiglia» con «scuola» e vedrete che in questa frase c'è la soluzione al nostro problema. Infatti la domanda a cui bisogna rispondere è «come aiutare la singola scuola a essere un po' meno infelice?». Secondo me questo è il senso più profondo di un sistema di valutazione: fornire alla singola scuola l'informazione necessaria a muovere dalla sua situazione attuale verso il suo potenziale. Questo è il mondo che ci è dato da vivere *hic et nunc*, questo è quello che possiamo fare, da oggi, senza aspettare grandi riforme, senza pensare a quello che succede in viale Trastevere. A ogni scuola, da oggi, diamo il potere di migliorarsi. Si può fare?

Secondo me si può fare fornendo le informazioni di cui le scuole hanno bisogno. Intanto hanno bisogno di sapere in che porto sono, per tornare alla frase di Seneca. Come possiamo dire loro in che porto sono? Semplicemente fornendo loro le coordinate nello spazio degli apprendimenti dei ragazzi. Se questo è l'obiettivo, allora anche il linguaggio deve cambiare: non si valutano gli apprendimenti, li si misura. Proviamo a misurare, perché valutare è più complicato. Proviamo, più modestamente, a misurare tenendo conto anche delle condizioni in cui vivono queste scuole.

Veniamo al primo punto: come si possono misurare gli apprendimenti e quale informazione si può usare ora. Prendo un esempio concreto, riferendomi ai dati veri di una scuola elementare in un quartiere bene di Roma. Si tratta dei risultati in italiano e matematica della seconda e della quinta primaria nelle prove INVALSI. Guardando ai dati della seconda elementare, è evidente che i bambini di questa scuola hanno risultati un po' migliori dei loro coetanei della stessa area geografica e anche dell'Italia. Questa differenza è un po' meno evidente in matematica e – conoscendo il quartiere – lo si capisce, perché i genitori insegnano ai bambini come leggere e non le equazioni. Il vantaggio di avere genitori molto scolarizzati e con buoni livelli di reddito si materializza soprattutto in italiano, e questo si riflette nei loro livelli di apprendimento. Tre anni dopo questo vantaggio è completamente scomparso, come si vede dal fatto che la media della scuola è allineata alla media italiana, della regione e della stessa area. Quando le scuole hanno modo di esercitarsi in questi confronti, iniziano un percorso verso il miglioramento della qualità del loro servizio, il cui primo passo consiste nel domandarsi il perché di certi risultati.

La cosa fondamentale da capire è che i risultati delle prove aiutano a identificare le aree in cui la scuola ha uno svantaggio relativo. L'INVALSI fornisce alla scuola indicazioni disaggregate per ciascuna domanda inclusa nel test. Ogni domanda è ancorata a un quadro concettuale di riferimento e pertanto i risultati del test possono essere immediatamente correlati ai vari ambiti della materia oggetto di rilevazione. Questo elemento è molto importante, perché permette ad ogni scuola di capire le proprie aree di forza o di debolezza relativa. Anche nella scuola peggiore c'è comunque qualcosa che va meglio e nella scuola migliore c'è comunque qualcosa che va peggio: è lì che bisogna porre l'attenzione, è su quello che bisogna lavorare, è quello che dà un'indicazione per la didattica.

Qualche regione sta lavorando sul serio su queste dimensioni. C'è un progetto che si chiama «Diritti a scuola», che va avanti da due anni in Puglia, in cui si fa esattamente questo: si aiutano le scuole a capire cosa succede dentro la scuola, ogni giorno, facendo quel che si può, con i margini dati. Constato che da un po' di anni i dati dell'Italia stanno migliorando, non solo nei dati PISA. Qualche dato di miglioramento viene anche dalle regioni del Sud, prendo semplicemente atto di cose che succedono contestualmente.

Bastano le informazioni sugli apprendimenti? Non bastano, perché alla scuola dobbiamo anche dare delle indicazioni in cosa è diversa dalle altre scuole, su cosa può lavorare per migliorare la didattica. La scuola è un'organizzazione che mediamente ha 120-130 dipendenti. Pensate a un'impresa, a quanta gente lavora alla sua gestione: c'è il consulente finanziario, il consulente del lavoro, l'esperto di relazioni industriali, c'è una complessità che richiede professionalità specifiche. Quando parliamo della scuola c'è un signore, che si chiama preside, che dovrebbe fare tutte queste cose assieme. Ma come può fare? Il mio sospetto è che non può riuscirci. Alcuni tratti vengono trascurati e con conseguenze negative sugli apprendimenti.

Per catturare le altre dimensioni, le variabili a cui si guarda sono organizzate in 4 gruppi: il contesto, l'input, le caratteristiche interne alla scuola, gli *outcome*. Anche nella rilevazioni di queste variabili non siamo all'anno zero. Il disegno della rilevazione è iniziato quattro anni fa. Nei primi due anni abbiamo verificato cosa fanno altri paesi in questa materia. Abbiamo guardato i modelli di 20 paesi, praticamente i più importanti paesi Ocse, e abbiamo prodotto un nostro modello, che si chiama VALSIS.

Molta dell'informazione rilevante è già disponibile, per cui il nostro primo esercizio è stato quello di una ricognizione dell'esistente. Alcune variabili sono rilevate dal Miur, altre dall'ISTAT. Un sistema intelligente sfrutta tutta la base amministrativa presente, la mette assieme e chiede alle scuole solo le informazioni che non ha, evitando lo *statistical harassment*.

Può funzionare questo modello di un INVALSI al servizio della singola scuola, con il ruolo di *Knowledge Broker* che raccoglie informazioni, le elabora e le restituisce alla singola scuola, per aiutarla nella gestione dei propri processi quotidiani? Per capirlo torniamo alle domande iniziali. In questo contesto, quale sarebbe l'incentivo della scuola a truccare i dati sugli apprendimenti? È come se qualcuno andando dal medico truccasse i risultati delle analisi del sangue. Perché dovrebbe farlo? Perché le scuole dovrebbero restringere il curriculum solo agli ambiti sottoposti a test?

Finora ho parlato di un INVALSI come punto di raccolta e diffusione di informazioni. Pertanto il suo lavoro consiste nel produrre numeri e informazioni, tuttavia resta sulla porta d'ingresso della scuola, per usare una metafora. La domanda rilevante è, tuttavia, «cosa succede dopo che questi numeri sono stati depositati sulla soglia della scuola?». Nello specifico: chi li raccoglie e li rende operativi? Chi li trasforma in azione? Chi è interessato e ha la responsabilità di dire che «questa è l'informazione e adesso cosa facciamo»? Chi convoca il consiglio d'istituto e mette all'ordine del giorno «discussione dei risultati»? Qual è allora il ruolo del dirigente scolastico o della dirigenza scolastica? Qual è il ruolo degli insegnanti? Chi è chiamato a monitorare ed eventualmente sollecitare e ispezionare i percorsi di miglioramento delle scuole?

Su queste questioni è stato fatto più di un ragionamento e si è individuato nel dirigente scolastico la figura chiave, provvedendo perciò a disegnare un modello di valutazione della dirigenza scolastica che incentivasse il preside a proporsi come l'agente del cambiamento e dell'innovazione dentro la scuola[1].

Lì certo che si può pensare a un modello di valutazione sulla performance e avevano pensato di farlo con un modello che si chiama contrattuale. Siccome le scuole sono infelici ognuna a proprio modo, a ognuna va dato un obiettivo diverso. Dal mio punto di vista gli standard non hanno senso, perché per alcuni non significano nulla e per altri sono obiettivi raggiungibili, ad alcuni non fanno niente e per altri sono una frustrazione enorme. Definire dunque gli obiettivi scuola per scuola, in funzione del fatto che alcune scuole non sanno la grammatica, altre la geometria, ecc. Gli obiettivi devono essere multidimensionali e le scuole vanno aiutate con un supporto. Già 150 anni fa dicevamo queste cose.

[1] I dettagli del lavoro sulla valutazione dei dirigenti si possono vedere sul sito dell'INVALSI.

CAPITOLO SESTO

DAL MACRO AL MICRO, E RITORNO. L'UTILIZZO DELLE INDAGINI INTERNAZIONALI PER COMPARAZIONI SU BASE REGIONALE: DALL'ESPERIENZA DEL PIEMONTE SUGGERIMENTI E PROPOSTE

L'esperienza del Piemonte nell'utilizzo dell'indagine PISA come strumento di valutazione a scala regionale delle competenze degli studenti può essere utile per esemplificare in concreto le ragioni e i modi per cui un'indagine internazionale sulle competenze fondamentali degli adolescenti possa essere assunta come strumento di valutazione anche a scala territoriale regionale, senza che ciò diventi un semplice esercizio imitativo di trasposizione d'interesse localistico. Con questo contributo, anzi, vogliamo sostenere che, per paesi molto differenziati come l'Italia, solo da analisi articolate in chiave regionale sia possibile ricavare una rappresentazione realistica della situazione nazionale. E che una rappresentazione realistica è condizione essenziale perché lo strumento che la produce risulti credibile come misuratore dello stato effettivo delle competenze e delle loro variazioni fra ed entro i territori, senza perdere la capacità di indicare vie e possibilità di miglioramento per tutte le parti del sistema, sia quelle più avanzate sia quelle più in difficoltà.

Di più. Vogliamo argomentare che solo da rappresentazioni dello stato delle competenze sufficientemente disaggregate a scala territoriale e solo da esercizi di comparazione fra territori e sotto-popolazioni diverse comprese all'interno dei medesimi confini nazionali, opportunamente affiancate da confronti internazionali con entità territoriali di pari livello, si possono mettere in luce linee di differenziazione tra i risultati e relazioni tra fattori di

Questo capitolo è di Luciano Abburrà.

contesto socio-economico-culturale e performance cognitive, che altrimenti non sarebbero visibili o comprensibili nella confusione dei dati medi e delle relazioni statistiche fra macrovariabili indifferenziate.

Con elementi di conoscenza costruiti e verificati a scala regionale si possono ottenere allo stesso tempo diversi risultati: si comprendono meglio punti di forza e di debolezza relativi di ciascuna area – su cui diventa possibile agire con interventi mirati a riequilibrare o rafforzare i sistemi formativi locali – e si forniscono ad ogni territorio punti di riferimento in altre aree prossime o simili, che possono rappresentare *benchmark* sfidanti ma raggiungibili, che stimolano all'azione e rassicurano sulle possibilità di miglioramento. Ciò non può non avere anche un importante effetto cumulato sul livello e sui risultati nazionali. Il loro innalzamento, però, verrebbe perseguito non soltanto con campagne promosse da un centro ben intenzionato, che però, talvolta, è sentito come lontano, se non alieno. Il miglioramento generale sarebbe atteso come effetto di una mobilitazione diffusa e consapevole delle comunità locali, che vengono richiamate alle loro responsabilità e, al contempo, riconosciute nel loro ruolo primario nella promozione della qualità dei sistemi formativi locali e nel perseguimento di livelli sempre più elevati di qualificazione per i loro cittadini più giovani. A quel punto, dalla diffusione di esperienze e consuetudini locali all'attività di valutazione e di programmazione su base valutativa, anche il sistema di valutazione nazionale potrebbe trarre apprezzabili vantaggi. Così come potrebbe molto concretamente beneficiare anche delle competenze tecnico-metodologiche che i diversi gruppi di ricerca e di azione locali avessero nel tempo acquisito o prodotto, proponendosi come centro di valorizzazione e supporto dei team locali, a vantaggio di una migliore capacità di comprensione della realtà nazionale e di migliori attitudini a progettare interventi aderenti alle diverse declinazioni territoriali che tale realtà presenta.

Per argomentare ed esemplificare le opinioni fin qui espresse, può risultare utile un richiamo ai processi e alle motivazioni che hanno portato il Piemonte a muoversi, per primo in Italia, per chiedere all'INVALSI una «regionalizzazione» della rilevazione PISA.

Era il 2002: l'anno precedente era stata approvata un'importante riforma del titolo V della Costituzione, che attribuiva alle regioni competenze e funzioni nuove nel campo della programmazione e gestione dei sistemi d'istruzione e formazione. Due anni prima era stata attribuita alle scuole la veste giuridica e l'autonomia funzionale necessarie a diventare istituzioni scolastiche sempre più responsabili del loro operato. In quel contesto, da parte dei vertici dell'amministrazione regionale e della Direzione dell'Ufficio regionale del ministero dell'Istruzione, all'Istituto regionale di ricerca venne proposto un problema e rivolta una domanda: giacché le scuole autonome avranno sempre più libertà/responsabilità nell'organizzare e gestire i servizi educativi e dato che alle regioni verrà sempre più richiesto di fornire loro non prescrizioni e disposizioni operative, ma soprattutto obiettivi e priorità strategiche da perseguire, diventa necessario dotarsi di un sistema di analisi e valutazione della preparazione degli studenti a livello regionale; uno strumento che consenta sia di individuare a priori le necessità e le urgenze da indicare alle scuole, e verso cui orientare le risorse disponibili, sia di comprendere a posteriori se e di quanto il sistema si sia avvicinato agli obiettivi indicati con il concorso delle azioni liberamente messe in campo dalle autonomie per conseguirli. Solo così la programmazione potrà dispiegarsi in modo comprensibile e condivisibile dai destinatari e solo così diventerà possibile formulare valutazioni a posteriori sia sull'efficacia delle azioni messe in campo, sia sulla loro effettiva corrispondenza alla natura e alle caratteristiche dei problemi che ne hanno giustificato l'adozione. Questi essendo il problema e l'intendimento, all'Istituto venne richiesto di individuare la soluzione più adatta allo scopo.

L'approdo a PISA fu tutt'altro che scontato e indiscusso. Ad esso contribuì in misura determinante – non l'abbiamo certo dimenticato – il consiglio di un autorevole esperto internazionale, presente anche oggi in questa sala, e la disponibilità attiva a costruire le condizioni della sua realizzabilità da parte di chi dirigeva allora il ministero dell'Istruzione in Piemonte. Per non dire del sostegno convinto della regione, che ne assunse *in toto* l'onere economico. Ma il percorso fu ripido e faticoso.

La soluzione che sembrava più logica a molti era quella di costruire un nostro sistema di rilevazione e valutazione degli apprendimenti, a imitazione di altre regioni italiane che avevano già intrapreso questa strada (la Toscana, per esempio) o di modelli nazionali che si andavano allora sperimentando anche in ambito INVALSI. Così, si diceva, ci si sarebbe dotati di uno specchio fatto su misura per l'oggetto che doveva riflettere, senza cercare di adattare forzosamente un'indagine come PISA, che aveva obiettivi di comparazione internazionale fra paesi, non fra territori interni ad essi. Il costo di un adattamento – anche solo in termini di sovra-campionamento – sarebbe stato elevato e i benefici conoscitivi discutibili sul piano metodologico.

Le obiezioni non ci convinsero a recedere. I contro argomenti che portammo furono essenzialmente due. Uno specchio fatto su misura rischia di essere deformato in base ai giudizi e ai comportamenti di chi sta nel punto di osservazione. A partire da quello «servo delle mie brame» della matrigna di Biancaneve, non sono certo mancati gli esempi di specchi che deformano la realtà in modo compiacente, anche nell'ambito delle valutazioni scolastiche: i primi ampi «esperimenti» di valutazione nazionale degli apprendimenti in Italia diedero, com'è noto, risultati molto diversi rispetto a quelli che si sono poi evidenziati con l'indagine PISA e le successive valutazioni nazionali ad essa ispirate, soprattutto sul piano territoriale. E anche qualche regione italiana che aveva già avviato sistemi locali autonomi di valutazione dei propri studenti ha poi dovuto subire bruschi risvegli quando, partecipando alle prime tornate dell'indagine PISA, ha sperimentato gli effetti di ridimensionamento prodotti della comparazione esterna rispetto ai giudizi formulati in splendida solitudine.

E questo è il secondo fondamentale argomento con cui noi sostenemmo la scelta di PISA: nessuna valutazione può essere realmente istruttiva se non è comparativa. Nel campo delle scienze umane è ben raro che si possano formulare giudizi assoluti: solo il confronto ci può dire se siamo più o meno adeguati ai livelli di competenze possibili/desiderabili. E anche il confronto deve essere esercitato con riferimento a dimensioni ed entità che siano correttamente definite (senza *bias* che avvantaggino o sfavoriscano qualcuno a priori) e corrispondenti a contenuti effettivamente rilevanti per l'obiettivo valutativo che si persegue. Così, nel caso di specie, la nostra opinione era che, per dotarsi di uno strumento utile alla programmazione dei sistemi educativi e alla considerazione aggregata dei loro risultati nel tempo, si dovessero valutare il grado e la distribuzione non tanto di apprendimenti scolastici curricolari, per esperienza definiti in modi variabili da luogo a luogo, da scuola a scuola, se non da insegnante a insegnante. Si dovevano piuttosto valutare grado di presenza e distribuzione di competenze e abilità funzionali corrispondenti a standard, che la ricerca più avanzata sul piano internazionale avesse definito fondamentali per gli anni presenti e per il futuro prevedibile. Se si doveva dare un'indicazione comparativa dei punti di forza e debolezza della qualificazione dei nostri studenti e se si voleva poterne monitorare nel tempo il grado di miglioramento nei livelli e nella distribuzione, occorreva uno strumento di misurazione costruito col concorso delle migliori competenze disponibili nel mondo. E strutturalmente definito per operare su una scala internazionale, come il contesto nel quale sempre più sarebbero stati proiettati i nostri ragazzi in tempi di globalizzazione e di grande apertura dei sistemi nazionali.

L'indagine PISA dell'Ocse sembrava poter offrire tutti questi requisiti, rispetto ai quali anche il costo elevato di partecipazione poteva non risultare sproporzionato.

Alla luce di ormai tre esperienze di utilizzo dei dati di questa indagine a scala comparativa insieme interregionale e inter-nazionale (poiché questa è stata la cifra caratterizzante l'approccio piemontese all'analisi dei dati PISA), ci sembra che le previsioni di utilità per la nostra regione non siano risultate infondate. Ci hanno consentito di conseguire e consolidare una valutazione realistica dei nostri punti di forza e debolezza (senza deformazioni compiacenti, ma anche senza frettolose e generiche denigrazioni) e ci hanno permesso di fornire indicazioni abbastanza precise a coloro che hanno titolo per investire o intervenire con azioni orientate al miglioramento del sistema e dei suoi *outcomes*[1]. Qualche sintetico richiamo esemplificativo al tipo di risultati conseguiti con l'approccio comparativo adottato può essere fornito dalle figure 1 e 2, tratte da un confronto diretto fra tre regioni italiane[2].

L'apparenza è che in tutti e tre gli ambiti di competenza gli studenti veneti sono risultati meglio qualificati di quelli piemontesi, che a loro volta hanno sempre distanziato in positivo i pugliesi. Distanze nette, consistenti, sistematiche. La figura 3, che rappresenta la distribuzione degli studenti delle tre regioni in base ai livelli di competenza definiti dai punteggi ai test di PISA, conferma e specifica la scala emersa nella precedente: il Veneto ha quote maggiori di studenti con livelli più elevati e quote minori con livelli più bassi rispetto al Piemonte, che riproduce la stessa situazione nei confronti della Puglia.

Se però si approfondisce l'analisi, ponendo separatamente a confronto gli studenti di ciascuno dei principali indirizzi di studio a livello secondario, i risultati appaiono molto diversi e le indicazioni più istruttive.

La distribuzione degli studenti lungo le curve di competenza rende infatti molto evidente una peculiare debolezza relativa degli studenti piemontesi che intraprendono

[1] Un'approfondita disamina dei risultati dell'indagine PISA 2009 in Piemonte e in altre regioni italiane e straniere è disponibile on line nel sito www.sisform.piemonte.it.

[2] P. Borrione, L. Abburrà e R. Trinchero, *Ocse-PISA 2009: i risultati del Piemonte a confronto con le altre regioni italiane e straniere*, in «IRES Quaderni di Ricerca», n. 123, 2011.

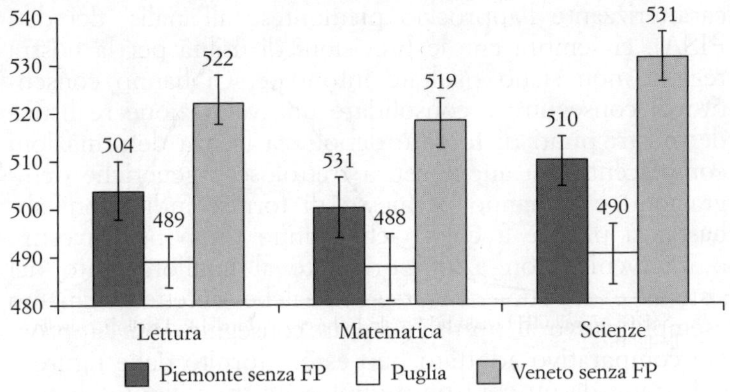

FIG. 1. Piemonte, Puglia e Veneto: punteggi medi PISA per ambito di competenza.

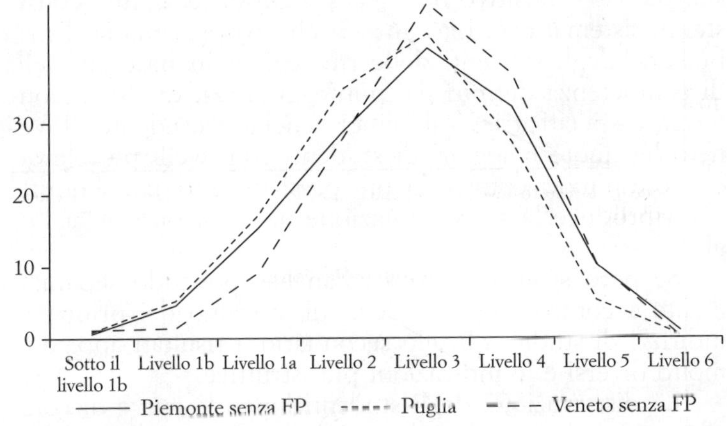

FIG. 2. Distribuzione degli studenti in Piemonte, Puglia e Veneto sulla scala di competenza in Lettura.

il percorso di istruzione professionale. Infatti, le curve di Piemonte e Veneto si sovrappongo nettamente nel caso dei licei e sono quasi identiche nel caso degli istituti tecnici. Non vi è dunque alcuna sostanziale differenza né di livello medio né di distribuzione nei risultati degli studenti delle

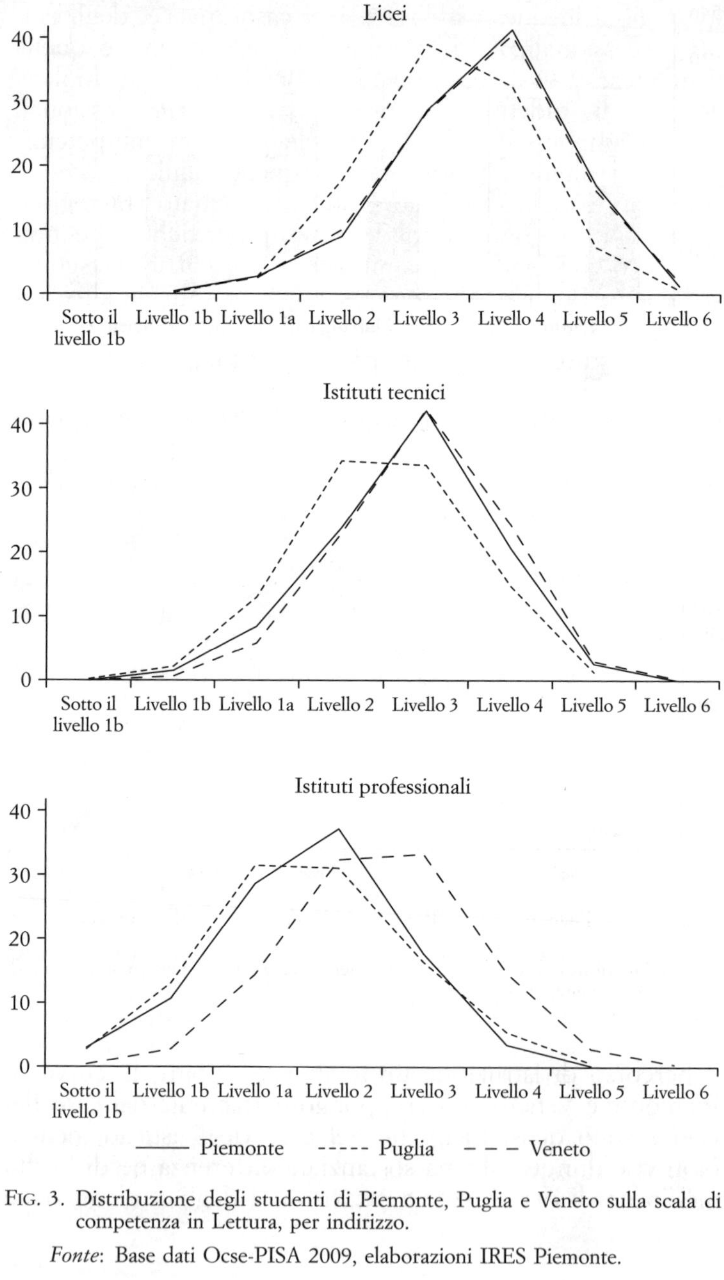

FIG. 3. Distribuzione degli studenti di Piemonte, Puglia e Veneto sulla scala di competenza in Lettura, per indirizzo.

Fonte: Base dati Ocse-PISA 2009, elaborazioni IRES Piemonte.

due regioni in questi indirizzi. Nel caso, invece, degli istituti professionali, le curve sono fra loro distanti e quella piemontese si avvicina assai più a quella pugliese. Inoltre, le quote di studenti piemontesi degli istituti professionali che raggiungono i livelli 4 e 5 della scala di competenza di PISA risultano inferiori anche a quelle pugliesi.

In sintesi, ciò che il confronto ravvicinato tra regioni permette di cogliere sono debolezze specifiche, che non sarebbero così evidenti esaminando i soli dati di ciascuna. In Veneto, Puglia e Piemonte – come in tutte le altre regioni – vi sono differenze abbastanza marcate fra i risultati degli studenti dei diversi indirizzi di scuola. Tuttavia, l'unico indirizzo di scuola in cui i risultati medi di Piemonte e Veneto sono sistematicamente differenti è quello degli studenti degli istituti professionali: qui gli studenti piemontesi mostrano livelli di apprendimento inferiori a quelli degli studenti dello stesso indirizzo in Veneto, e lo stesso varrebbe se il confronto fosse condotto con Lombardia o Friuli Venezia Giulia. Ed è proprio e solo questa differenza che si riflette sui divari fra i valori medi complessivi delle diverse regioni.

Ci si deve a questo punto interrogare più a fondo sulle possibili cause di queste specifiche disparità e sulle azioni che potrebbero ridurle. Ed è precisamente quanto si è già fatto e si farà con le analisi più approfondite sui dati PISA che il nostro Istituto sta conducendo, in collaborazione con regione Piemonte e Direzione regionale del Miur. Quel che è certo è che i risultati migliori ottenuti dagli studenti in alcune regioni dimostrano che lo spazio per il miglioramento esiste, anche nell'ambito degli stessi indirizzi di studio e pur in un contesto istituzionale e organizzativo del tutto analogo. Tutto questo indica alle istituzioni scolastiche e alle amministrazioni locali e regionali coinvolte precise direzioni e ineludibili impegni all'attivazione di azioni migliorative.

Ma qui vorrei soffermarmi soprattutto su quelli che ritengo essere stati i vantaggi, a livello del sistema di valutazione nazionale, che la progressiva estensione delle analisi regionali dei dati dell'indagine PISA ha arrecato.

Per prima cosa, ha consentito di dare a PISA una credibilità che la prima edizione del 2000 non era riuscita ad ottenere: un messaggio che sulla base dei dati aggregati e di comparazioni piuttosto rozze era stato declinato come «gli studenti italiani sono un disastro a scala planetaria» o non suonava credibile, e dunque veniva ignorato, o era preso sul serio, e allora spingeva più allo scoramento e all'oblio che all'azione migliorativa. Com'è noto, un problema troppo grave spinge alla disperazione, più che motivare a una reazione. E questi sono stati gli effetti di raffigurazioni riportate nella figura 4.

Dimostrare, invece, che molti studenti italiani erano «bravi come gli altri»[3] – e, in certi ambiti di competenza, persino «più bravi», come mostrato nella figura 5 –, invitò a considerare più da vicino perché altri non lo fossero, pure in un sistema istituzionale e organizzativo che non impediva di esserlo.

Ma anche a quelli relativamente «più bravi» pose di fronte termini di confronto concreti e conosciuti, rispetto ai quali si poteva verificare come non in tutti gli ambiti, né in tutti i segmenti di popolazione, i loro livelli di competenza fossero ugualmente buoni. Ogni sistema regionale poté constatare che esistevano significativi, ma realistici, spazi di miglioramento e che non era necessario ispirarsi a lontani modelli stranieri per percorrerne almeno porzioni significative.

Di qui una maggiore attivazione, prima di interesse e di discussione, poi sempre più anche di azioni e misure di intervento, per migliorare sistemi e risultati, di cui forse cominciamo ora ad apprezzare i primi effetti anche a livello di sistema nazionale.

E questo è l'ultimo punto su cui vorrei richiamare l'attenzione. Gli effetti positivi a livello nazionale conseguiti e conseguibili a seguito di una estensione crescente

[3] L. Abburrà (a cura di), *PISA 2003: Bravi come gli altri. Nuova luce sulle competenze dei quindicenni dal confronto fra regioni italiane ed europee*, Milano, Franco Angeli, 2006.

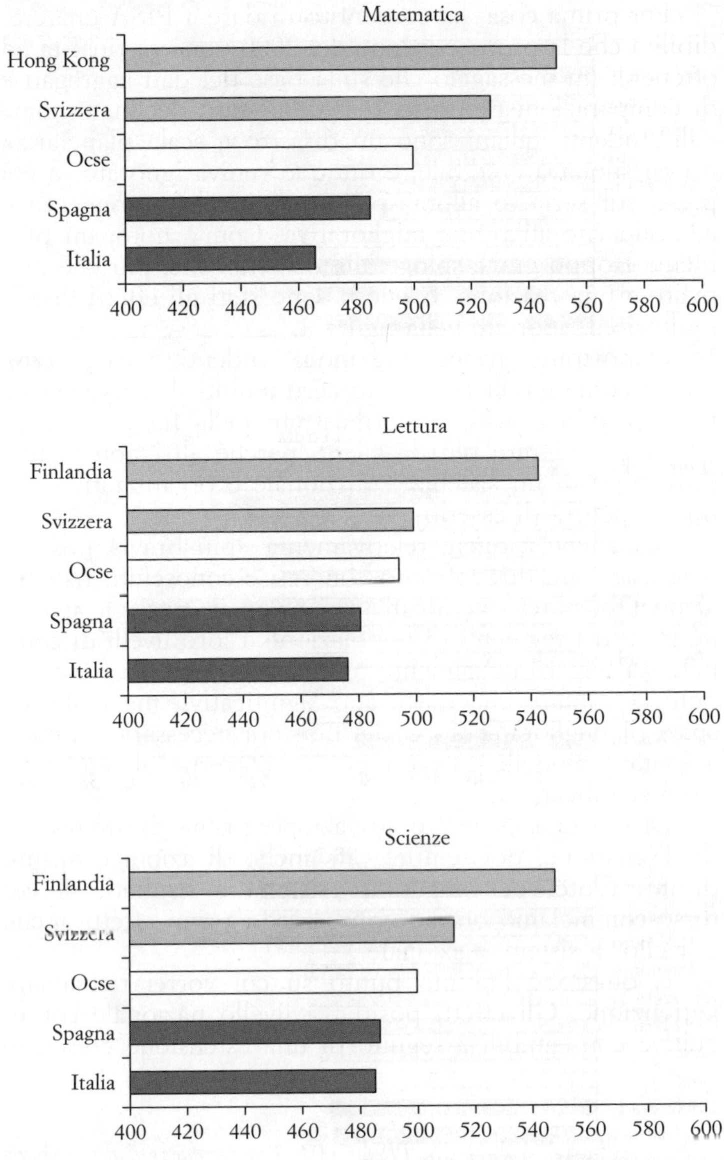

FIG. 4. Punteggio medio in Matematica, Lettura e Scienze dell'Italia, di alcuni paesi di confronto e dell'Ocse (2003).

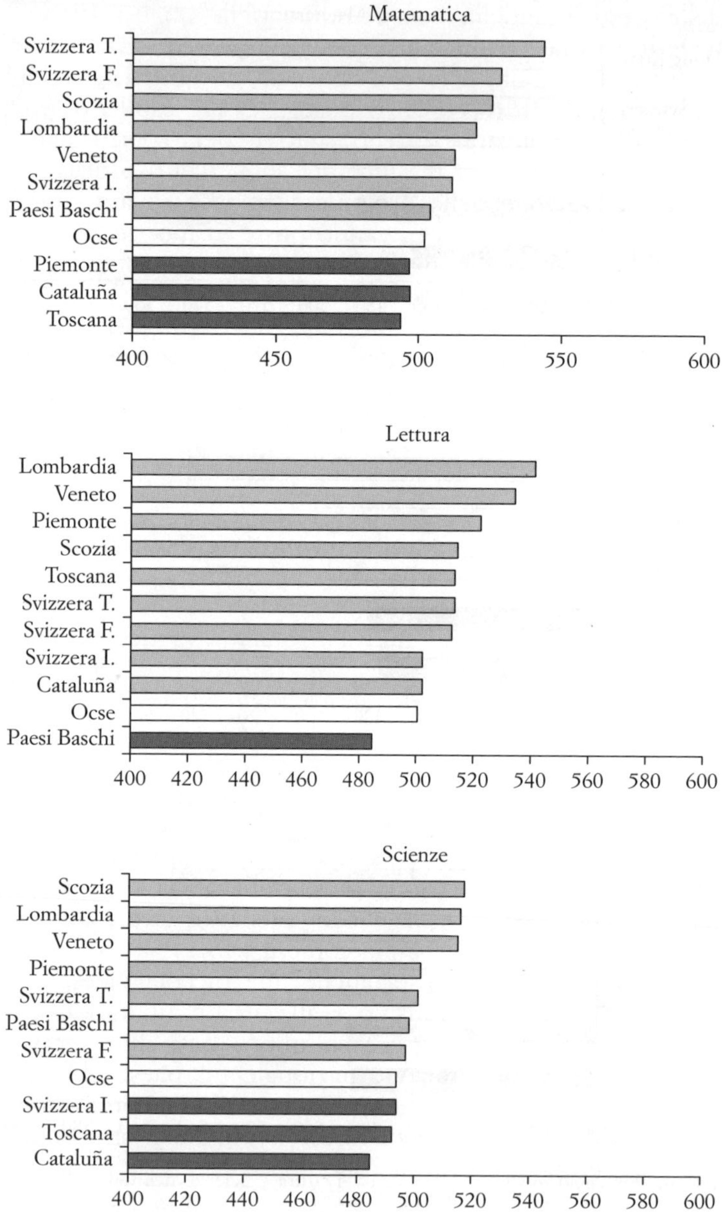

FIG. 5. PISA 2003: punteggio medio di alcune regioni italiane ed europee.

della pratica e della consuetudine delle analisi PISA a scala territoriale regionale.

Viste le ragioni e le conseguenze «locali» della scelta dell'indagine PISA come risposta ad un esplicito problema di «valutazione» dello stato e delle performance del sistema regionale, alla luce dei convergenti processi di decentralizzazione della programmazione e di autonomia delle istituzioni educative, vanno poste in luce le ricadute conoscitive sul livello nazionale che l'estendersi progressivo delle analisi regionali ha prodotto.

Riassumendo, si può dire che gli effetti positivi a livello nazionale seguiti ad un'estensione crescente della pratica delle analisi PISA a scala regionale sono stati:

– un miglioramento della *capacità di comprensione dell'oggetto*: le competenze degli adolescenti e l'efficacia dei diversi sistemi formativi che compongono il sistema Italia;

– un aumento del livello di *interesse e di attivazione sociale e politica*, e dunque di *legittimazione*, che alle indagini ha fatto seguito;

– una crescita quantitativa e qualitativa delle *competenze professionali nel campo delle analisi valutative*, che l'esperienza ha contribuito a produrre e a consolidare a scala ampia e distribuita.

La sfida attuale è ricomporre il quadro in una nuova cornice e il problema che si pone è come valorizzare e integrare in un nuovo sistema di valutazione – che deve essere nazionale, ma deve anche sapersi saldamente articolare su un'organizzazione decentralizzata a scala regionale – energie, conoscenze, competenze e attese alimentate anche da un programma come il PISA.

Potrebbe essere questa anche una piccola palestra di federalismo? Un federalismo realizzato in un modo che non disgrega, ma ri-aggrega su nuove basi di responsabilità locale e cooperazione nazionale un paese che si è dovuto riconoscere, anche attraverso PISA, come molto disomogeneo, a dispetto di forme istituzionali straordinariamente unitarie e centralizzate.

CAPITOLO SETTIMO

LE GAMBE DEL SISTEMA: MISURAZIONE, VALUTAZIONE E SUPPORTO FORMATIVO. DOVE STIAMO ANDANDO E CHI PAGA IL COSTO DEL SISTEMA

L'Italia sconta tre svantaggi rispetto ad altri paesi di area Ocse. Innanzitutto, non possiede la *cultura del dato amministrativo* come sistema di monitoraggio: la registrazione amministrativa avviene ancora su base cartacea in buona parte dei casi (basti pensare ai registri e/o alla verbalizzazione dei voti); parcellizzazione dei software (basta girare per le segreterie scolastiche e/o universitarie); le banche dati non comunicano e non sono interrogabili dagli amministratori, che dovrebbero voler monitorare i processi che gestiscono. Secondo, siamo *figli di una cultura idealistica* di stampo crociano, che considera la dimensione quantitativa meno significante di quella qualitativa e che rifugge, quindi, da operazioni intellettuali quali misurare o stimare, tanto più se applicate alla sfera della cultura. Per queste ragioni la cultura docimologica non ha mai attecchito in Italia, rimanendo confinata alla stregua di una moda filo-statunitense. Da ultimo, la pubblica amministrazione è sempre stata tenuta *al riparo di ogni tentativo di accountability*, in nome di uno scambio perverso tra bassa retribuzione e bassa produttività (per definizione da non misurare).

Per queste ragioni l'Italia si presenta, all'inizio del nuovo millennio, totalmente impreparata alla sfida della valutazione dei sistemi scolastici. La maggior parte degli istituti di ricerca educativa (IRRE) fa *ricerca azione*, ovvero analisi descrittiva di casi studio; l'INVALSI, sotto la presidenza Vertecchi, produce ricerca sulle pratiche

Questo capitolo è di Daniele Checchi.

didattiche; l'indagine PISA 2000 passa sostanzialmente ignorata. Il ministro Berlinguer è costretto a dimettersi sull'ipotesi dei corsi-concorsi ad accesso limitato, ma nessuno propone di misurare l'efficacia didattica degli insegnanti. Simmetricamente, sociologi e pedagogisti sviluppano analisi qualitative. Il cambio a livello ministeriale avviene con il ministero dell'Istruzione Moratti e con la Commissione Muraro per il controllo della spesa pubblica. Esce il *Quaderno Bianco sulla scuola* ad opera del ministero dell'Economia. A sinistra si grida contro l'aziendalizzazione della scuola, a destra si gettano le basi per i tagli tremontiani.

Nessuno sembra condividere l'idea che *l'informazione quantitativa sul funzionamento dei sistemi scolastici e universitari*, fornita con il massimo livello di disaggregazione possibile, *sia un bene pubblico*. Come tutti i beni pubblici, non rivali e non escludibili, essi non vengono prodotti attraverso meccanismi di mercato, perché nessuno è disposto a spendere per acquistare un bene di cui potrebbe fruire gratuitamente (qualora ci fosse qualcun altro che a sua volta lo acquistasse). Il progetto Almalaurea/Almadiploma è un buon esempio per illustrare questo paradosso. Conoscere la probabilità d'impiego associata a un titolo di studio (diploma di maturità, laurea o laurea magistrale) è un'informazione importante per un vasto spettro di attori: gli studenti che devono scegliere dove iscriversi; le amministrazioni scolastiche e universitarie che devono distribuire le risorse; le imprese che desiderano conoscere il grado di scarsità relativa dei diversi titoli di studio. Produrre questa informazione per via amministrativa è ancora oggi percepito come futuribile, ma tecnicamente facile da realizzare: data un'anagrafe degli studenti che sia aggiornata sulle scelte scolastiche e che comunichi in tempo reale con le direzioni regionali per l'impiego (che ricevono le comunicazioni obbligatorie di avvio/cessazione degli impieghi), si potrebbe produrre il tasso d'impiego per titolo di studio in tempo reale, a qualunque scadenza temporale, con un semplice click. Appunto perché futuribile, lasciamo questa idea da parte e speriamo nelle scuole e nelle università: non sarebbe difficile avviare un monitoraggio periodico, telefonico o informatico, dei *past alumni*, le università estere lo fanno regolarmente, in Italia si invoca la mancanza di risorse finalizzate. Si lascia allora il campo ad altri: all'Istat che encomiabilmente ogni 3 anni intervista diplomati e laureati di tre anni prima, con un campione rappresentativo su base regionale e/o di grande ateneo, ma che non permette di scendere ad un livello di dettaglio inferiore, perché la struttura è campionaria. Oppure al consorzio Almalaurea, che vende ai potenziali utilizzatori dell'informazione il dato stesso, facendosi nel contempo pagare la rilevazione. Le famiglie e gli studenti ne restano esclusi, perché non riescono a sapere se la facoltà che hanno in mente permetterà di trovare lavoro.

Negli ultimi cinque anni, INVALSI ha dato un importante contributo a sostegno dell'idea che la misurazione dei comportamenti scolastici è un bene collettivo da diffondere al massimo grado. Ha cercato di rendere universali le proprie rilevazioni, al costo di affiancarsi all'esame che conclude la scuola secondaria di primo grado. Ha messo in luce l'importanza della rilevazione esterna per evitare i comportamenti opportunistici degli insegnanti (vedi correzioni ex-post applicate alle rilevazioni). Ha reso disponibili i propri dati alla comunità scientifica, come misura di validazione delle rilevazioni condotte. Rispetto al progetto complessivo di una rilevazione universale e obbligatoria in quattro punti della carriera scolastica (II e V primaria, III secondaria I grado, III secondaria di II grado), si è però dovuto piegare di fronte alla carenza dei finanziamenti ministeriali ed è stato costretto a ripiegare sulla costruzione di un campione rappresentativo (chi non ricorda la distinzione introdotta da Fioroni tra valutare e monitorare?).

Se la rilevazione non è universale, è impossibile individuare le aree di forza e di debolezza del sistema scolastico. Certo con una rilevazione campionaria possiamo sfruttare la variabilità temporale per monitorare i trend, ma certamente non possiamo tenere sotto controllo la variabilità territoriale, che è uno dei mali che affliggono il sistema scolastico italiano. In particolare, non è possibile individuare quali siano le scuole in difficoltà su cui concentrare possibili interventi di sostegno.

In un ormai dimenticato contributo (*Un sistema di misurazione degli apprendimenti per la valutazione delle scuole: finalità e aspetti metodologici – Proposta preparata per l'INVALSI*, curato dal sottoscritto insieme ad Andrea Ichino, Università degli Studi di Bologna, e Giorgio Vittadini, Università degli Studi di Milano-Bicocca, nel dicembre 2008) si era insistito sulla indispensabilità di rendere immediatamente operativa un'anagrafe degli studenti, in cui riportare gli esiti individuali delle prove. Questo permetterebbe di misurare gli apprendimenti non in termini di livello ma di variazioni, eliminando in buona parte il problema delle differenze nelle condizioni di partenza. Nello stesso contributo si fornisce anche una stima dei costi di un sistema di rilevazione degli apprendimenti a regime, stima basata sulla considerazione di tre elementi:

1) la preparazione dei materiali, la loro stampa, spedizione e raccolta;
2) la somministrazione;
3) la correzione delle prove.

La stima complessiva del costo del sistema nazionale di valutazione, come prospettato in quel documento, è riportata nella tavola seguente. I costi variano da 31 milioni di euro, nell'ipotesi di costo dei somministratori di 250 euro per giornata di lavoro e nessuna domanda a risposta aperta, a 81 milioni, nel caso di somministratori a 300 euro, tutte le domande a risposta aperta e correttori pagati 2500 euro per mese-persona. Il ministero ha messo a bilancio meno di un decimo dell'ipotesi più ottimistica. Ma cosa sono questi costi rispetto ai risparmi conseguiti con il taglio al corpo insegnanti?

Questo è il costo di una informazione di buona qualità. Difficile stimare l'equivalente economico dei benefici che ne potrebbero derivare. Quanto vale un miglior *match* tra qualità della scuola scelta e capacità del singolo studente? Quanto vale la riduzione dell'*over-education*?

TAB. 1. *Stima dei costi di rilevanza di un sistema nazionale di valutazione*

	II primaria		V primaria		III secondaria I		II secondaria II		V secondaria II		Totale		
	Costo per studente	Num. studenti	Costo per studente	Num. studenti	Costo per studente	Num. studenti	Costo per studente	num. studenti	Costo per studente	Num. studenti	Costo per studente	Num. studenti	Spesa totale
1. materiali, stampa e spedizione	2.0	580.000	2.0	580.000	2.0	570.000	2.0	570.000	2.0	470.000	2.0	2.770.000	5.540.000
2. somministrazione													
Ipotesi a: 250 euro a somministratore	10.1	580.000	10.1	580.000	8.8	570.000	8.8	570.000	9.1	470.000	9.4	2.770.000	26.050.000
Ipotesi b: 300 euro a somministratore	12.2	580.000	12.2	580.000	10.5	570.000	10.5	570.000	11.0	470.000	11.3	2.770.000	31.260.000
3. correzione													
nessuna domanda a risposta aperta	0.0	580.000	0.0	580.000	0.0	570.000	0.0	570.000	0.0	470.000	0.0	2.770.000	0
16 domande a risposta aperta	6.4	580.000	6.4	580.000	6.4	570.000	6.4	570.000	6.4	470.000	6.4	2.770.000	17.728.000
40 domande a risposta aperta	16.0	580.000	16.0	580.000	16.0	570.000	16.0	570.000	16.0	470.000	16.0	2.770.000	44.320.000

Più facili (e potenzialmente più misurabili) i benefici legati al miglioramento della prestazione lavorativa degli insegnanti. Nel momento in cui almeno una dimensione del risultato diventa conoscibile in modo oggettivo, vengono a cadere molte delle scusanti, vere o fittizie che siano. La concorrenza implicita che può scatenarsi tra le scuole, nel momento in cui i risultati della misurazione degli apprendimenti vengono resi pubblici (seppur con le cautele del misurarli in termini di variazione degli apprendimenti), può essere un potente incentivo al miglioramento.

Ma c'è davvero da innovare? La figura 1 mostra la misurazione del valore aggiunto nelle scuole secondarie di Trento, che hanno ripetuto il test PISA nel 2010, a un anno di distanza dalla rilevazione ufficiale. Se si tiene conto dell'intervallo di confidenza, sono davvero poche le scuole che sono «oggettivamente» meglio o peggio di altre. Questo non è un caso isolato. Ogni esercizio valutativo che produca una graduatoria tra scuole e/o operatori deve essere cosciente che si tratta di confronti tra medie, che esiste una dispersione intorno alle medie e che esiste un intervallo di confidenza per le misure fornite. Per questo diventa altrettanto difficile poter associare premi e punizioni a queste graduatorie.

Ma il buon funzionamento di una scuola non si riduce alla rilevazione di un buon livello di apprendimento attraverso test uniformi sul territorio nazionale. Buon funzionamento può voler dire promozione della convivenza, collaborazione con gli enti locali, recupero del disagio giovanile, oculata gestione dei finanziamenti pubblici, partecipazione a progetti nazionali o internazionali, organizzazione di reti tra scuole, innovazione nei metodi didattici, formazione del corpo insegnante. Tutto questo è poco standardizzabile, e ancor meno quantificabile in modo oggettivo. La rilevazione degli apprendimenti è la punta di un iceberg, cui correlano molte delle dimensioni precedentemente elencate. E i nessi di causalità non sono così evidenti: quando una scuola va male, di chi è la colpa? del basso livello sociale di provenienza degli alunni? della trascurata gestione di un dirigente scola-

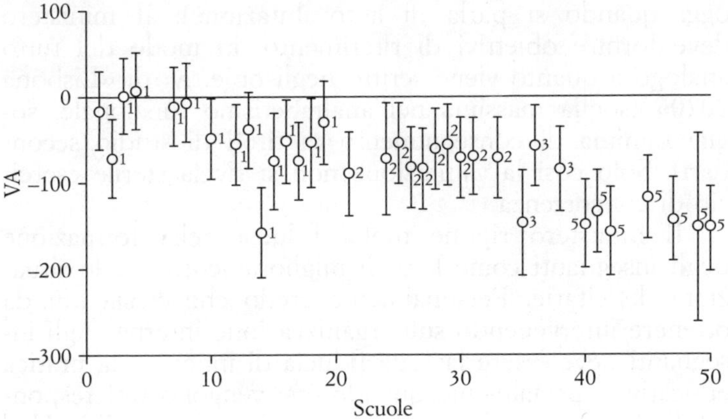

FIG. 1. Misurazione valore aggiunto in lettura – scuole secondarie (Trento 2010).

Nota: La figura riporta le stime del VA di scuola in lettura nel 2010 (pallino centrale) e i relativi intervalli di confidenza ottenuti col LCVA (*longitudinal contextual value added*) model. 1 = liceo, 2 = ist. tecnico, 3 = ist. professionale, 5 = formazione professionale. Il modello LCVA include come controlli: struttura familiare, status di immigrato, livello più elevato di istruzione dei genitori (HISCED) e indicatore di prestigio occupazionale più elevato tra i genitori (HISEI).

stico, magari appena giunto nella sede? della bassa motivazione degli insegnanti? del disinteresse di genitori e amministratori locali?

I numeri senza modelli interpretativi non servono a nulla. INVALSI ha (di nuovo meritoriamente) promosso lo studio di un modello interpretativo (VALSIS), ma la sua applicazione richiede buone capacità di discernimento delle cause. Si è ipotizzato che una rivalorizzazione del ruolo degli ispettori possa supportare questo approccio. Ma il singolo ispettore, lasciato senza linee guida di indirizzo, può rivelarsi poco efficace nell'individuare cause e nel proporre rimedi. Il ministero (o al massimo le Direzioni regionali) non può esimersi dall'esprimere linee di indirizzo a cui deve corrispondere l'esercizio valutativo. Non si può lasciare alle singole scuole la scelta di un proprio *benchmarking* (come accade, invece, implicitamente oggi quando si parla di autovalutazione). Il ministero deve fornire obiettivi di riferimento, in modo del tutto analogo a quanto viene scritto negli obiettivi di «Lisbona 2020» (soglia massima nell'analfabetismo funzionale, soglia minima di conseguimento di titoli di studio secondari). Solo così la valutazione non si rivela sterile esercizio di concorrenza.

Il ministero ripone molta fiducia nella formazione degli insegnanti come leva di miglioramento per le situazioni deficitarie. Personalmente credo che ci sia più da ottenere intervenendo sull'organizzazione interna. Agli insegnanti deve essere lasciata fiducia di innovare la pratica educativa, specialmente quando essi vengono resi responsabili delle conseguenze della propria progettualità. Una parte del corpo docente non è pronta a questo salto, e la macchina organizzativa statale lo è ancor meno. In questo la formazione può cambiare la cultura del fare scuola. Ma non mi sembra che manchino le idee. Manca piuttosto l'auto-riconoscimento e l'auto-valorizzazione, dopo decenni di mancato riconoscimento del contributo individuale e di forzato appiattimento retributivo.

CAPITOLO OTTAVO

GERMANY: POLICIES AND CHANGES INTRODUCED AFTER PISA 2000

I come from the University of Kiel, Leibniz Institute for Science and Math Education. To give you an overview of what I am going to speak about, I will start with a look back to German PISA findings in 2000 and will then focus on the consequences after PISA 2000. That is I will both talk about educational reforms as well as the reforms in educational evaluation and educational assessment and will not really present too many details about what competences are. I will show you a little bit of how we have used the findings from PISA to install a German national system of educational assessment because the idea of the PISA 2000 was that PISA is necessary and important for monitoring the German system but that we need a national frame of reference because there are some national traditions and people were arguing in Germany that PISA might be not enough to represent these traditions. From my point of view, it is still an open question whether PISA is not sufficient but this is an academic debate, an ongoing academic debate in Germany.

There were several take home messages from PISA 2000. First of all, German policymakers were really disappointed. We had in the 1990s, we had the so-called «Toyota Shock» when the findings of the third International Mathematics and Science study came out where Japanese students performed quite well in maths and science compared to German students and after the publication of the TIMSS findings, German politicians in the 1990s already started some reforms, but when PISA came out,

Questo capitolo è di Olaf Koeller.

there was not any change compared to TIMSS and this was really disappointing, but it was not only this large proportions of students at proficiency level one or below it was also the strong relation between students' family background and their test scores.

There were strong social disparities in Germany, meaning that low SES students performed much lower compared to high SES students. Germany, as well as Italy, is a confederation of 16 more or less independent federal states and similar to your findings, we had large differences between the federal states and, to some extent, it was the other way around. What I have learned today is that usually the Northern part of Italy is performing much better than the Southern part of Italy and it is quite the other way round in Germany. If you come to Bavaria, which is not far away from the Northern part of Italy usually the difference to the Northern part is about 50 PISA points, so North Germany students all perform around 50 points on the PISA scale lower than South Germany.

There was a strong need, or a strong pressure, on policymakers to come out with educational reforms and there was also more or less a shared opinion or consensus that assessment was necessary for monitoring students' progress in achievement. It was not the belief that only testing increases achievement of students but there was a clear consensus that testing students regularly is one important measure to get regularly an idea of whether the system is improving its own educational quality. So some reforms came out after PISA 2000 in Germany.

First of all, the Federal Government provided 4 billion Euros for increasing the number of schools with full time service. Before 2000, German students in primary and secondary school left school at 1 o'clock in the afternoon. Now we have really a substantial proportion of schools where students can stay to 4 or 5 o'clock and it depends on the type of full day service whether they really learn in the afternoon or whether it is more or less day care.

There was also strong pressure on decreasing the number of grade repetitions. When we looked at our 15-year-old students in 2000, we found some students in grade six. Usually, you expect 12-year-old students in grade six but there were substantial numbers of 15-year-old students in grade six so there was a strong pressure to change this practice.

Additional pre-school programmes both centre-based and home-based were introduced to improve things which skills of our children with migration background.

To give you an idea, in 2000 we had about 21 percent of students who were non-natives, many of them were from Turkey, many of them from other European countries. Nowadays it is about 26 percent. In some of our states, about 49 percent, so there are a large number of non-native German students and there were many activities increasing the opportunities, particularly to improve language skills of children with a migration background. Also, already after TIMSS there was establishment of a large scale programme on teacher's professional development in math and science, the so-called science programme in Germany.

There is an ongoing programme in Germany, currently with 800 primary schools. There was also the reform of the lower secondary system. I do not know whether you are familiar with the German system. We have this highly stratified secondary system with this Gymnasium preparing students for university, the middle school preparing for more prestigious vocational education and we have the so-called *Haupt-schule* which is usually preparing students for low prestigious jobs and in some federal states we have, in addition as a fourth school type, so-called comprehensive schools.

So after PISA, politicians were thinking that it does not make sense to have such a highly stratified systems and what we have nowadays is, at least in 14 out of 16 states, more or less only two types of secondary schools. That is the Gymnasium, still preparing for university and the vocational part of our system, or the other schools preparing for vocational education. It is about one third at Gymnasium at the academic track and two thirds at the other school types.

Finally, there was the introduction of central final exams in most of the states and all these reforms were more or less driven by PISA 2000. To be honest, from a scientific point of view, the findings of PISA 2000 did not justify particularly these reforms, because there are limitations of such studies like PISA. They do not really give you causal evidence. What is the reason, particularly not in 2000 when we did not have any trend data, but these reforms were more or less a consequence of the PISA results.

Until TIMSS in the 1990s, there was not any tradition of assessment in Germany. Our educational research was driven by alternative pedagogy. It was driven by philosophers like Montessori, F. Renee and other scholars. So empirical educational research was, let me say, the devil for many people in Germany, and assessment and evaluation was not really a good tool to monitor or to change the educational system, but this totally changed after PISA 2000.

School inspections were introduced in most of the 16 federal states and we developed our own national educational standards at least for core subjects; mother tongue, maths, foreign languages and science. And these then were developed for all the 16 federal states. That is they were and they are still the same for all the 16 federal states.

Also, although we have these more or less independent states, they have defined the same educational goals in their systems and we found that National Institute for Education progress which gave me the chance for five years to build up such an infrastructure in Germany, to build up a centre which is now conducting our national assessment of educational progress every three years in secondary schools and every five years in primary schools.

There was further a clear decision that Germany would participate for the next hundred years in PISA,

TIMSS and PIRLS. In TIMSS and PIRLS only at the end of primary school, which means grade four in Germany, and PISA with the 15-year-old students, as I have already mentioned for the next years. And we also introduced state-wide assessments in grades three and eight after PISA 2000. This means that we test every year about 750,000 third graders and about 800,000 eighth graders in all the 16 federal states. It is not high stakes testing, it is just the teachers of the students get the information about the students achievements so to get an idea how to improve instruction and whether there is some need to help particularly poor achieving students.

So it is an idea, or the idea of the state-wide assessment is really to provide information for schools, for teachers, similar what I have learned from your work here in Italy that it is not for policymakers, it is not for local authorities, it is just for the school.

Was there any evidence for these reforms in the literature? I have collected some findings from Hetty. Hetty is a colleague from Australia who collected, about 50,000 educational studies that have been published during the last 50 years. So from the 60's to now, in these 50,000 studies, more than 80 million students were investigated and all studies addressed the research questions whether some measures or interventions really causes increase in students achievement. After PISA 2000, there was clear political message of reducing the number or the proportions of the grade repetitions and, indeed, Hetty's analysis shows the great retention or repetition has negative effects. This effect size means about 16 PISA points, that is, and a negative effect, that is grade repetition leads to negative effects on the side of the students.

We reduced our ability grouping. Hetty's analysis shows that ability grouping, or strong stratification ability grouping, usually increases student achievement, let us say of about 12 points, which is not much, so I think there was some justification reducing our strongest tracking system but I think this was not the big measure, or a really a fruitful measure. But nevertheless, there was pressure particularly from the people who published the PISA study and who were very critical about the German system.

There is much evidence for the effects of pre-school programmes. You can see if students or young children participated in such programmes, the prediction is that their PISA scores will be about 45 points higher. We introduced a strong system of assessment and there is also sufficient evidence that testing has positive effects on learning outcomes. It is not only teaching to the tests, it is the same with the central exams, if there is some pressure from tests, this motivates teachers as well as students to put much more effort on learning and this has positive effects, about 34 PISA points.

There were special programmes for, or additional programmes for our students with the migration background and, again, Hetty's synthesis revealed that such programmes are very successful so participants of such programmes usually have an expectation of out-performing non-participants by 67 points. Contrary to what Hanushek says in this volume, this collection of Hetty reveals that programmes on teachers' professional development can be very successful. Comparing those teachers who participated in such a programme with teachers who did not, the difference – on the side of the students – is 62 PISA points which is a lot. The problem with all these analysis is that you can not really cover the whole system. If you, for instance, introduce programmes, as early childhood interventions, particularly for the students with immigration background, it is impossible to cover the whole Federal Republic of Germany. It is too expensive, to be honest. But nevertheless there were expectations on the side of the education researchers as well as on the side of the educational policy makers that all the reforms I described would increase the PISA scores of our 15 year old students.

Before I show you the findings of PISA 2009, let me say a little bit about our national assessment system and the educational standards that we introduced in 2003 and

2004 and we are currently trying to convince people in Germany that PISA is important. Having a national basis for assessment is even more important because if you want to get acceptance on the side of the teachers, they usually trust much more in their national frame of reference.

I often hear teachers arguing that PISA is not what we teach in school. My answers usually are we are not sure whether this kind of mathematics PISA tested is not part, or should not be part, of the school. I usually argue this must be part of math instruction. Nevertheless, I think that it is easier to convince, particularly teachers, if you have this national frame of reference and I think this is a worldwide phenomenon. Many countries all over the world have already introduced such a system, or are working on such a system.

For instance, remember the recently common core standards have been introduced for 48 states and all grades in the US and these core standards are the same across all these 48 states, and I think the Netherlands are also working on such standards. The Swiss people have already introduced such standards. So it is, from my point of view, really a worldwide phenomenon and to be clear, it is not an alternative to PISA. Both sides of the coin are important. The ideas of these standards is quite similar as it is to PISA. There is an outcome orientation that is described in terms of learning outcomes of the side of the students and the idea of this performance standards, as they are called, is to overcome a strong content oriented type of teaching that often produces enough knowledge. And these standards usually contain statements instead of content descriptors and which was also a clear decision in Germany to restrict these educational standards to key subjects, that is mother tongue, native language, foreign languages, math and science. You all know that foreign language is not part of PISA and there are many reasons why this is not part of PISA but at least from a German point of view with all our neighbours, it was very important to have all the educational standards for foreign languages.

Unfortunately, they were not formulated for Italian, only for English and French, because this represents the German practice: most of our students learn English as a first foreign language, and we have some federal states in the South West where students learn French as a first foreign language. We do not have schools in Germany where students learn Italian or Spanish as a first foreign language, so these standards were restricted to few foreign languages. From my point of view, it made sense to include the foreign languages and not only focus on the domains that are already tested in PISA. For instance, in mother tongue in Germany, there is not only reading for which we have standards: it is also writing, it is also listening. The same is proof of foreign languages as reading, writing, listening and speaking so that you have four different skills, educational standards. And nevertheless, this idea of outcome orientation and this idea of formulating performance standards instead of contents standards had the consequence that the items that were billed on this national frame of reference focused primarily on cognitive processes, but to some extent also on contents.

But if you look at the items you cannot really decide whether these items come from PISA or from our national standards. Now we have standards for German as mother tongue, at the end of primary school which is grade four when students are 10 years old in Germany. We have standards for mathematics. We have, for the end of grade 10, for middle schools, or for the middle certificate standards for German, maths, foreign language and science; we divide science into biology, physics and chemistry. For the *Hauptschule*, the lowest track which is currently disappearing, there are standards for German, maths and first foreign language and the same for end of upper secondary school (grade 12 or 13 depending on the federal states). We are just working on a national educational standards for the so-called *Realschulabschluss.* Which is again threatening for policymakers, because we are aware of the problems that students across the different federal states really differ with respect to their achievement levels at the end of higher education, or at the end of high school.

We ran a study a couple of years ago in which we compared students at the end of grade 13 in two federal states, one Southern state and one Northern state and what came out for mathematics, again on the PISA scale, was that the difference was 100 points, which means a difference of two to three years of schooling. So the difference, the mean difference between the Southern state and the Northern state, in favour of the Southern state, was about two to three schools years at the end of grade 13 so that we got the impression that in the Northern state, students had not been really in school during their last three years.

But then we would see how the reactions will be in Germany. When we started the work on our national assessment system, which was in 2005, there was not any infrastructure but this National Institute for Education was founded in Berlin and at this institute we started developing item banks, item pools for testing whether our students reached the national standards.

We coped with many challenges, there was no expertise on test development in Germany, there was a strong pressure on developing many open ended items. Open ended intensified costs of items and we ended up with 25 open ended response items and about 25 short answer items and 50 multiple choice items with this mixture of open ended responses, short answers, and multiple choice, we got acceptance on the side of the teachers. We had the first national assessment in 2009, that is we tested about 40,000 students from all the 16 federal states, it was a sample based national assessment and we will connect this national assessment to PISA so every three years we will carry out such a national assessment in grade nine instead of 15 year old students, but this will give us the opportunity to link the national findings to the international findings.

For instance, if we take the data collection in 2009, about 10,000 students worked the first day on the PISA instruments and the second day on our national instruments and this work gave us the opportunity, at least in reading, to link the national and the international test scores.

The national assessment in Germany will take place in primary school at the end of grade four and it is in every five year circle, because it is connected to PIRLS, the international reading literacy score so that we can connect at least our findings, or our national reading scores to the international reading scale. Nowadays, there are some standardised tests available for individual schools and classes but we do not have a systematic student monitoring system. This is, to some extent, such a system, but this gives teachers an idea of the achievement levels of their students only once in the primary school career or once in the secondary school career.

What we are looking for is developing a monitoring system that provides the chance to test students twice a year, and to come up with a system which is sensitive to students' development, which is regular from some point of view, so if they perform quite well at one or two time points and then drop down in their achievement, that such a system is sensitive and provide information to the teachers: «Well I have to do something with this student to help him to improve again and to come back to his prior trajectory».

The problems our national assessment standard causes, or caused, was that we had no idea if we come up with some proficiency level similar to PISA, at which level should we argue, a student at this level is really proficient with respect to our national standards.

In PISA, we usually argue level two provides a level of literacy where we should expect students to be relatively successful during the transition from school to vocational education and when we came out with some national scales as a consequence of nationally representative samples in which we tested all the items, we ran several rounds of so-called standard setting procedures, where we invited teachers to help us finding cut points on the scale where they would expect proficient students. But being proficient was not enough for our policymakers. They also wanted us to define a cut score, what is more than proficient, but we want to define another cut score where we want to expect our students to be proficient in 10 or 15 years, which is something like a proficient plus level, and they also expected us to come out with something like a basis level, where students are not really proficient but with some help will be able to cope with the transition from school to vocational education.

What is possible under perfect conditions? If you have very bright students from very rich families in perfect schools with high qualified teachers that were strongly selected from our very best universities where the best teacher educators are, these students reach level five. To be honest, most of these students come from Gymnasium, the academic track of our system.

So what have we reached 10 years after PISA? Many reforms have been taking place in our school system. We have now large calibrated and validated item pools that were generated by trained teachers, this is also important. All the items that we use in our national assessment were developed by teachers. This really increases acceptance of all these testing situations and if people argue all these tests are so lousy, we can argue that these tests come from the best, or from high qualified colleagues of you and this is the best work they could ever do.

We have a standard based testing at different levels, that is we have instruments for system monitoring. We have at least the state-wide assessment for schools and there are some not really good instruments for individuals and two years ago we had the first round of national assessment in secondary schools without the problems, acceptance was relatively high. Differences among federal states were quite similar to what we already knew from the PISA study.

We have much more knowledge about the proficiencies of German students in several domains, and it was really important for our system to add foreign languages.

For instance, you might remember that Germany had, in the beginning of the 1990s the reunification of East and Western Germany. Until 1990, the Eastern states had not any system of teacher education for English teachers so when we conducted the national assessment in 2009, we had the opportunity to compare our Eastern states with the Western states. 20 years after reunification there were still tremendous differences between the Eastern part and the Western part. In the Eastern part, about 70 percent of students not being proficient in English, and this was clearly a result of teacher education, a long term effect of teacher education before the 1990s. This really gave us additional information how such a national system could improve or increase the information about the system at home.

An open question, still an open question, is how these standards affect teaching? The problem is that it is still the case that many of our teachers are not aware what are the standards and what is the content of our standards, but we are working on this issue. So the key question is do the PISA 2009 findings provide any evidence that our effort during the last 10 years has been successful?

In 2000, we had about 23 percent of our 15-year-old students who were at proficiency level one or below. In 2009, we had only about 18 percent, which is a reduction of 5 percent in the lower level so there is not much change of the high performing students, but significant change of the low performing students. Which makes sense if you remember the reforms that took place after PISA 2000, improving the language skills of students with immigration background and our interpretation here is that these measures, to some extent, were successful.

Capitolo nono

PERCORSI DI FORMAZIONE POST-OBBLIGATORIA IN SVIZZERA: SINTESI DEI RISULTATI DELL'INDAGINE LONGITUDINALE TREE AGGIORNATI AL 2010

1. *Scheda segnaletica e metodologia del progetto TREE*

TREE (acronimo per «Transizione dall'educazione all'occupazione», in francese «Transition de l'éducation à l'emploi») è un'indagine longitudinale in corso in Svizzera. Si tratta di un'indagine nazionale, che riguarda un campione di popolazione rappresentativa di tutti i gruppi linguistici del paese e il cui perno verte sulla transizione dei giovani dalla scuola alla vita adulta. Al centro dell'indagine sono i percorsi di formazione e di inserimento nel mondo del lavoro dopo la fine della scuola dell'obbligo. Il campione dell'indagine comprendeva all'inizio, nel 2000, circa 6.000 giovani che avevano partecipato alla prima indagine PISA svolta dall'Ocse nell'anno 2000, la quale verteva sulla comprensione della lettura.

In tutto e per tutto l'indagine TREE comprende otto rilevazioni tra il 2001 e il 2010. Il campione di giovani presi in considerazione nel 2001 era di 6.343 studenti, mentre nel 2010 l'indagine era riuscita ancora a intervistare 3.424 studenti dello stesso campione.

Questo capitolo è di Melania Rudin. Traduzione non letterale del testo originale con l'inserimento di indicazioni riguardanti la nomenclatura scolastica italiana da parte dei curatori del volume, della relazione sull'avanzamento del progetto nel 2010 redatta da Anita Keller, Sandra Hupka Brunner e Thomas Meyer. Altre informazioni sul progetto in lingua tedesca e francese si possono consultare nel sito www.tree.unibas.ch. Nella sintesi qui presentata non sono state incluse né le tavole né le tabelle, per le quali si rinvia al sito del progetto http://tree.unibas.ch/it/il-progetto.

La prima fase dell'indagine TREE (fino al 2003) è stata imperniata sulle modalità di orientamento, sulle caratteristiche delle procedure di scelta degli indirizzi formativi dopo la fine della scuola dell'obbligo e sugli effetti dei percorsi di formazione atipici o critici, in particolare sulle forme d'abbandono precoce della formazione (giovani privi di diploma post-obbligatorio)[1].

La seconda fase comporta rilevazioni svolte annualmente dal 2004 al 2007, che sono state soprattutto imperniate su un altro tipo di transizione, ossia su quella che si situa alla congiunzione tra la formazione nell'insegnamento secondario di 2° grado (di qualsiasi tipo) e l'entrata nella vita attiva, oppure l'inizio di una formazione dell'insegnamento terziario[2].

In una terza fase del progetto tra il 2008 e il 2012, fase tuttora in corso, è stata svolta un'ottava indagine nel 2010, ossia dieci anni dopo l'inizio di questo studio longitudinale.

L'indagine TREE è co-finanziata dal Fondo nazionale svizzero per la ricerca scientifica e dall'Università di Basilea. Fino al 2007, l'impianto organizzativo e amministrativo dell'indagine coinvolgeva gli assessorati cantonali[3] di Berna, Ginevra e Ticino, nonché due importanti uffici dell'amministrazione federale.

Tutte le indagini comportano interviste telefoniche, nonché la somministrazione di questionari. I risultati presentati in questa relazione riguardano i dati raccolti fino

[1] Nel lessico scolastico italiano si concettualizza questa situazione con il termine di «dispersione scolastica». Anche in Svizzera questa questione è scottante, non tanto per la dimensione del fenomeno, quanto per il fatto che mette in discussione la pertinenza della validità della formazione duale nella quale si trova la maggioranza degli adolescenti [*N.d.C.*].

[2] Anche questo termine – formazione terziaria – è poco noto in Italia; indica la presenza parallela alla formazione universitaria di altri tipi di formazione superiore. In Italia, solo nel 2011, sono state riconosciute le fondazioni per l'insegnamento terziario, mentre in Svizzera questo tipo di formazione è presente da parecchi decenni [*N.d.C.*].

[3] In italiano: «regionali».

al 2007. In quest'anno, ossia nel 2007, i giovani intervistati avevano terminato la scuola obbligatoria da ben sette anni. Il campione PISA/TREE è rappresentativo degli 80.000 studenti di tutta la Svizzera che hanno terminato la scuola dell'obbligo nel 2000. I dati sono stati ponderati per compensare le distorsioni che, come succede in tutte le indagini longitudinali, risultano inevitabilmente dalla perdita, strada facendo, di una parte dei membri del campione.

Per questa ragione, i risultati dell'indagine TREE non sono valori esatti, ma sono valori stimati utilizzando una procedura di inferenza statistica basata sul campione testé descritto; con un margine d'errore determinato, si può considerare che queste stime corrispondano ai valori della popolazione di riferimento.

2. *Utilità e interesse dell'indagine longitudinale*

Un'indagine longitudinale di questo tipo serve soprattutto per osservare come si svolge la formazione dopo la fine della scolarità obbligatoria e, quindi, per raccogliere informazioni suscettibili di correggere i flussi degli studenti nei vari indirizzi formativi, allo scopo di facilitare l'inserimento nella vita professionale dei giovani adulti.

Quest'indagine longitudinale è quindi servita per conoscere gli schemi formativi e professionali del campione PISA 2000/TREE. In primo luogo è stato dimostrato che la formazione professionale[4] è di gran lunga l'indirizzo formativo più seguito in Svizzera dopo la fine dell'obbligo scolastico: negli «anni culminanti» 2002 e 2003, ovverosia due o tre anni dopo la fine della scuola dell'obbligo, due terzi del campione si trovavano nella formazione profes-

[4] Il concetto di «formazione professionale» in Svizzera non ha lo stesso significato che ha in Italia. Per formazione professionale, in Svizzera, s'intende la formazione duale o apprendistato, una forma quasi inesistente in Italia [*N.d.C.*].

sionale. Solo poco meno di un quarto del campione seguiva una formazione di cultura generale[5].

Questa non è una novità per il mondo elvetico, perché una fotografia del genere era ben nota in precedenza. Molto più rilevanti sono invece i dati che provengono da altre informazioni, come per esempio il fatto che il numero di giovani che non riescono ad entrare direttamente in un indirizzo di formazione dell'insegnamento secondario del 2° ciclo, dopo aver ottenuto il certificato di fine dalla scuola dell'obbligo[6], è elevato. Nel 2001, nell'anno immediatamente successivo alla fine dell'obbligo scolastico, un quinto circa del campione era iscritto in una soluzione transitoria, come per esempio in un anno di scuola in più, oppure in una delle molteplici forme transitorie previste nello spazio scolastico svizzero[7]. In quello stesso anno, il 4% di tutti i giovani che avevano abbandonato la scuola dell'obbligo non seguiva nessuna formazione e non esercitava nessuna attività connessa a una formazione[8]. I giovani di questi due gruppi[9] cercavano prima di tutto di trovare direttamente un posto nella formazione professionale[10]. Dai dati dell'indagine TREE si evince che su 3 giovani che aspirano ad iniziare un apprendistato o a concludere un contratto d'apprendistato, 2 soltanto riescono a farlo direttamente.

[5] Ossia frequenta un liceo di tipo italiano oppure un ITS (istituto tecnico-professionale) [*N.d.C.*].

[6] Che in Italia corrisponderebbe al certificato di fine della scuola media, benché l'obbligo scolastico in Italia si collochi al di là dei quindici anni, come è invece il caso in Svizzera [*N.d.C.*].

[7] Siccome la Svizzera è uno stato federale, ogni cantone ha un suo proprio sistema scolastico. Per questa ragione conviene utilizzare il sintagma «spazio scolastico elvetico» e non «sistema scolastico o educativo svizzero», che di fatto non esiste in quanto tale [*N.d.C.*].

[8] Fanno cioè parte della categoria che si potrebbe chiamare dei giovani a rischio [*N.d.C.*].

[9] Il gruppo di quelli che sono in formazione e quello dei giovani a rischio [*N.d.C.*].

[10] Ossia nell'apprendistato per minori, altrimenti detto insegnamento duale o in alternanza scuola/lavoro. In Svizzera ciò significa concludere un contratto di lavoro con un'azienda abilitata a formare apprendisti [*N.d.C.*].

A partire dal 2004, dopo quattro anni dalla fine dalla scuola dell'obbligo, la popolazione iscritta negli indirizzi di cultura generale dell'insegnamento secondario di 2° grado si riduce rapidamente e si orienta verso la formazione terziaria; invece il settore della formazione professionale aumenta sempre di più. Ciò spiega, da un lato, i ritardi già evocati poco fa riguardanti l'inizio dell'apprendistato. Dall'altro, nuove analisi dei percorsi formativi a microlivello suggeriscono che una parte considerevole della coorte svolge un percorso discontinuo anche durante la formazione professionale di base, ossia cambia il tipo di formazione, oppure lo interrompe, oppure si trova in ritardo perché deve ripetere l'anno in quanto bocciata, ecc. Nel 2006, ossia sei anni dopo la fine dell'obbligo scolastico, più di un decimo della coorte osservata segue ancora la formazione professionale dell'insegnamento secondario di 2° grado.

La transizione dalla formazione professionale di base alla vita attiva è fortemente scaglionata. Tre anni dopo avere terminato la scuola dell'obbligo, poco meno di un sesto soltanto della coorte entra nel mercato del lavoro. Questa proporzione è pari al 16%. Un anno più tardi, ossia 4 anni dopo la fine dell'obbligo scolastico, una percentuale quasi simile effettua questa transizione (15%). Nel 2007, ossia 7 anni dopo la fine dell'obbligo scolastico, a un'età media di circa 23 anni, la proporzione della coorte che ha iniziato un'attività professionale dopo aver terminato una formazione professionale di base è pari a circa il 40%. A questo momento, il 6% della coorte esercita un'attività senza avere conseguito nessun diploma dell'insegnamento secondario di 2° grado. Si può quindi affermare che all'età media di 23 anni circa soltanto la metà della fascia d'età ha effettuato – sia provvisoriamente sia durevolmente – la transizione tra il sistema di formazione e il sistema dell'occupazione.

L'indagine TREE fornisce una conferma della presenza di un divario tra la Svizzera e le altre economie pubbliche post-industriali per quel che concerne l'accesso alla formazione terziaria, ovverosia l'istruzione superiore post-secondaria. Se si osservano le immatricolazioni accumulate fino al 2007, si constata che circa un quarto della coorte segue una formazione universitaria, che nella classificazione internazionale dei tipi di insegnamento[11] è denominata di tipo A, mentre il 5% della coorte è immatricolata in una formazione di tipo B[12]. Informazioni analoghe sono state fornite dalla raccolta di indicatori internazionali comparati dell'istruzione nel volume *Education at a Glance* pubblicato dall'Ocse ogni anno.

A decorrere dal 2004, un numero considerevole di giovani adulti, variante tra il 14 e il 18%, si trova in una situazione ambigua tra due grandi indirizzi di percorsi formativi, che sono la formazione terziaria (o formazione superiore post-secondaria) e l'attività professionale. Si tratta di persone che o si trovano in una soluzione transitoria (*stage* pratici, soggiorni linguistici, ecc.) o hanno abbandonato provvisoriamente, o definitivamente, qualsiasi attività formativa o professionale. La composizione di questo gruppo è molto eterogenea. Include per esempio ragazze-madri che lavorano a tempo pieno ma che vivono nella loro famiglia d'origine, candidati-studenti che prendono un anno sabbatico di congedo tra la fine del secondario di 2° grado e una formazione del livello terziario (universitario).

Nel 2005, ovverosia 5 anni dopo la fine dell'obbligatorietà scolastica, quando, in teoria, i giovani avrebbero dovuto avere terminato gli studi secondari post-obbligatori, il gruppo NEET[13], ossia la categoria dei giovani che non sono né in formazione né occupati, è pari a circa il 5% della coorte (e il 20% di quelli che si trovavano in una formazione professionale l'anno precedente). Pro-

[11] ISCED (International Standard Classification of Education) in inglese e CITE (Classification Type de l'Enseignement) in francese [*N.d.C.*].

[12] Un tempo in Francia questa formazione si svolgeva nelle IUT e oggigiorno in Germania nelle università di scienze applicate.

[13] Abbreviazione per «Neither in Employment nor in Education or Training».

babilmente si tratta qui di un problema del mercato del lavoro e delle modalità con le quali si può accedere in modo diretto a un'attività professionale.

Globalmente, si può dedurre da questa indagine sui percorsi formativi e professionali post-obbligatori in Svizzera che questi percorsi non sono privi di discontinuità importanti. Per esempio per quel che riguarda la transizione dalla scuola media all'insegnamento secondario di 2° grado, circa un quarto dei giovani non riesce a iniziare subito una formazione secondaria di 2° grado, pur avendo terminato con successo la scuola dell'obbligo, e inizia questa formazione con 1 o 2 anni di ritardo, mentre taluni studenti non riescono affatto ad effettuare questa transizione critica. Queste discontinuità, addizionate alle discontinuità che appaiono nei percorsi di formazione all'interno dell'insegnamento secondario di 2° grado, contribuiscono alla frammentazione assai pronunciata delle transizioni dall'insegnamento secondario di 2° grado verso il mercato del lavoro, o verso le formazioni di livello superiore, altrimenti dette formazioni di tipo terziario. Una minoranza considerevole della coorte osservata si trova in una situazione di stallo, che oscilla tra i due indirizzi principali nei quali si suddivide il flusso dei giovani adulti, ossia da un lato la formazione terziaria e dall'altro l'attività professionale.

In riguardo ai diplomi post-obbligatori ottenuti sette anni dopo la fine della scolarità obbligatoria, cinque giovani su sei circa hanno ottenuto un diploma dell'insegnamento secondario di 2° grado (84%). Secondo analisi recenti, circa un terzo del 16% senza diploma nel 2007 è riuscito a conseguire un diploma entro il 2010.

3. *Percorsi discontinui*

L'indagine TREE ha permesso di mettere in evidenza la continuità, come pure la discontinuità, dei percorsi formativi post-obbligatori. Da questo punto di vista si sono messe in evidenza tre forme di discontinuità:

a) discontinuità all'inizio della formazione post-obbligatoria: questa forma di discontinuità distingue gli studenti che iniziano immediatamente la formazione nell'insegnamento secondario di 2° grado, dopo aver terminato la scuola dell'obbligo, dagli studenti che, invece, iniziano con ritardo questa formazione (per esempio dopo un decimo anno «transitorio»), oppure non iniziano neppure una formazione. Nella ricerca scientifica, i rischi connessi a questa forma di discontinuità sono analizzati in modo critico;

b) discontinuità dei percorsi all'interno dell'insegnamento secondario di 2° grado: questa discontinuità è il prodotto delle devianze che si osservano rispetto ai percorsi normali di questo tipo di formazione, come per esempio le bocciature al liceo, oppure i cambiamenti di formazione durante l'apprendistato;

c) abbandono delle formazioni dell'insegnamento secondario di 2° grado senza aver conseguito nessun diploma. Questo gruppo è quello dei *dropout*, ossia dei giovani che iniziano una formazione ma che non la concludono.

L'indagine TREE ha dimostrato che soltanto una metà della coorte percorre l'insieme dell'insegnamento secondario di 2° grado in modo continuo: un terzo circa della coorte inizia direttamente una formazione triennale di tipo professionale (ossia l'apprendistato) e la termina nella durata prevista. Un terzo riesce a ottenere un diploma dell'insegnamento secondario di 2° grado nell'apprendistato o nella formazione in alternanza in 4 anni[14].

La proporzione dei giovani con percorsi discontinui è importante: un quarto circa conosce una forma o l'altra di discontinuità già all'inizio. Un buon quinto (circa il 22%) incappa in forme di discontinuità di percorso durante l'insegnamento secondario di 2° grado. I rischi di

[14] Questo significa spesso completare il Certificato Federale di Capacità, che si riceve se si superano gli esami teorici e pratici nella formazione in alternanza, con una maturità professionale, ma ci sono anche tipi di apprendistato che durano quattro anni.

dropout, cioè i rischi di abbandonare qualsiasi formazione nell'insegnamento secondario di 2° grado, sono importanti per entrambi i gruppi. Considerando il fatto che circa il 7% di ognuno di questi gruppi abbandona il sistema formativo senza conseguire nessun diploma post-obbligatorio[15], si stima che circa un terzo dei giovani che hanno conosciuto percorsi discontinui corre questo rischio. I risultati dell'indagine TREE, inoltre, dimostrano che i giovani con percorsi discontinui raramente accedono ad una formazione dell'insegnamento terziario. A questo riguardo occorre però far notare che una parte rilevante dei percorsi discontinui (soprattutto nella categoria di discontinuità all'inizio della formazione secondaria 2° grado) sono essenzialmente percorsi di formazione professionale, tipo di formazione per cui la probabilità di proseguire al livello terziario è a priori ridotta.

Nel seguito dell'analisi si è esaminato, in una prospettiva multivariata, in che misura le caratteristiche dei percorsi formativi presi in considerazione e combinati con altri fattori influiscano sulle probabilità di ottenere un certo tipo di diploma post-obbigatorio. Questa fase del lavoro ha messo in evidenza le osservazioni seguenti: si sono reperiti i fattori che aumentano il rischio che un/a giovane rimanga senza diploma post-obbligatorio piuttosto che ottenere un diploma di fine della formazione professionale (che in Svizzera si chiama «Certificato Federale di Capacità» [CFC]). Per quel che concerne i risultati, si è scoperto che buoni voti nella lingua d'insegnamento, come pure buoni punteggi nel test di competenza in lettura dell'indagine PISA, riducono, sotto controllo statistico di tutti gli altri fattori presi in conto nel modello, il rischio di non conseguire un diploma. Tra i fattori a rischio si ritrova un basso livello di istruzione dei genitori, come pure il fatto di non essere nati in Svizzera.

[15] Questa è la terminologia elvetica per «insegnamento secondario di 2° grado» [*N.d.C.*].

Come in altre analisi simili, anche l'indagine TREE conferma che un percorso formativo discontinuo rappresenta un rischio di per sé e che ciò succede indipendentemente dal punto in cui si situa la discontinuità.

Contrariamente a quanto ci si aspettava, si constata che gli studenti che hanno seguito indirizzi formativi poco esigenti nel corso dell'insegnamento secondario di 1° grado[16] presentano, tenendo conto statisticamente di tutti gli altri fattori, un rischio meno elevato di rimanere senza diploma post-obbligatorio che non gli studenti liceali, o gli studenti che hanno seguito altri indirizzi più esigenti a tempo pieno di formazione professionale[17]. Ciò è spiegato probabilmente dal fatto che il primo gruppo di studenti è piuttosto propenso ad accedere a formazioni professionali con esigenze (più) modeste, evitando in questo modo il rischio di bocciature o di ripetenze, come succede invece per gli studenti che si iscrivono ai corsi di formazione per esigenze scolastiche elevate.

L'analisi delle probabilità di conseguire una maturità liceale o professionale[18] al posto di un CFC[19] dimostra che le prestazioni intellettuali e scolastiche contano effettivamente parecchio: gli studenti che conseguono buoni punteggi nel test di lettura dell'indagine PISA e voti superiori alla media nella lingua dell'insegnamento e in matematica ottengono, *ceteris paribus*, più spesso un certificato di maturità (liceale o professionale). Tuttavia altri fattori, che non sono connessi alle competenze come quelle misurate

[16] Questa situazione non esiste ufficialmente in Italia (ossia sulla carta), dove la scuola media è unica e uniforme. In molti sistemi scolastici dello spazio scolastico elvetico, invece, la scuola media può essere unica ma differenziata, ovverosia suddivisa in indirizzi ad esigenze elevate per gli studenti più forti, in indirizzi a esigenze deboli, oppure medie.

[17] Per esempio i tipi di formazione pari a quelli che in Italia sono impartiti negli istituti tecnici-professionali.

[18] In Italia si direbbe diploma dell'insegnamento secondario di 2° grado.

[19] Diploma che si ottiene quando si termina la formazione duale, altrimenti detta formazione in alternanza.

dall'indagine PISA, giocano un ruolo nelle procedure di selezione-orientamento, come per esempio la provenienza da una famiglia delle categorie socio-professionali benestanti. Gli studenti della Svizzera latina, a competenze comparabili, presentano maggiori opportunità di conseguire la maturità (professionale). Però, i percorsi discontinui nell'insegnamento secondario di 2° grado riducono le prospettive di conseguire questo diploma.

4. *Conclusioni e prospettive*

I dati raccolti dall'indagine TREE dimostrano che per molti giovani adulti, a un'età media di 23 anni in Svizzera, la transizione, ovverosia il passaggio dalla formazione (di base) alla vita adulta e professionale, non è di gran lunga concluso. Al contrario, questa fase è ancora in pieno sviluppo. In questo senso, i risultati presentati sono di natura provvisoria.

I dati dell'ultima rilevazione, l'ottava, realizzata nel 2010 con la coorte TREE, forniranno risultati importanti per capire come evolve la transizione quando si è giunti pressoché alla fine del periodo di transizione che è stato osservato. Il periodo durante il quale la coorte è stata osservata, dopo la fine della scuola dell'obbligo, si estende, nel 2010, su un arco di tempo di 10 anni, non più di 7, il che permetterà un'analisi migliore, perché più approfondita, del percorso professionale dei giovani adulti: si potrà vedere come costoro si consolidano e si rafforzano dopo la prima entrata nell'universo professionale, nonché come l'integrazione nel mercato del lavoro formale si riveli durevole e in funzione di quali variabili. I primi risultati del rilevamento 2010 saranno pubblicati nell'anno 2013.

Capitolo decimo

ESPERIENZE DI MIGLIORAMENTO SUL TERRITORIO: IL CASO DELLA PUGLIA

L'edizione 2009 dell'indagine internazionale Ocse-PISA, i cui risultati sono stati resi pubblici il 7 dicembre 2010, ha registrato un miglioramento sensibile delle competenze di base degli studenti 15enni in tutti e tre i campi d'indagine, lettura, matematica e scienze, tant'è che la media italiana è salita rispetto alle precedenti edizioni, recupera le posizioni del 2000 in lettura, le supera in matematica e scienze, pur senza raggiungere la media Ocse.

Il miglioramento è dovuto soprattutto al contributo positivo delle aree del Sud e delle Isole, che hanno fatto registrare i maggiori incrementi di punteggio, a fronte di un Centro che sostanzialmente rimane fermo, di un Nord-Ovest che migliora, ma con incrementi poco significativi, e di un Nord-Est che in media conferma le performance delle edizioni precedenti.

E tra le regioni del Sud quella che sfoggia la performance migliore è la Puglia. La Puglia, infatti, raggiunge dei punteggi medi che le danno la possibilità non solo di occupare il primo posto fra le regioni del Sud, ma anche di superare alcune regioni del Centro, quali il Lazio e l'Umbria, e di collocarsi, sulla base dei punteggi ottenuti, al centro di una ipotetica graduatoria nazionale.

Tale dato emerge inequivocabilmente dalle figure che seguono.

In *literacy* in lettura la Puglia raggiunge 489 punti, mentre la media italiana è di 486. Sono vicine la provincia di Bolzano, con 490 punti, e così anche l'Umbria (fig. 1).

La media Puglia distacca di 21 punti la media dell'area Sud, supera di 1 punto la media dell'area Centro e di 3 punti la media italiana, è inferiore alla media Ocse di 4 punti (fig. 2).

Questo capitolo è di Lucrezia Stellacci.

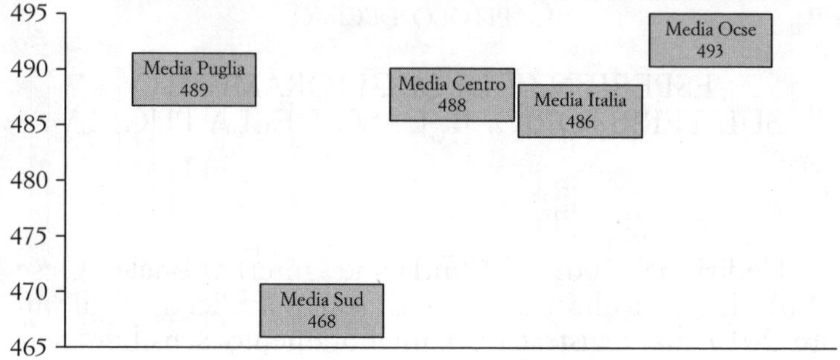

FIG. 1. Puglia a confronto: punteggi medi in lettura.

Fonte: Base dati Ocse-PISA 2009, elaborazioni USR Puglia.

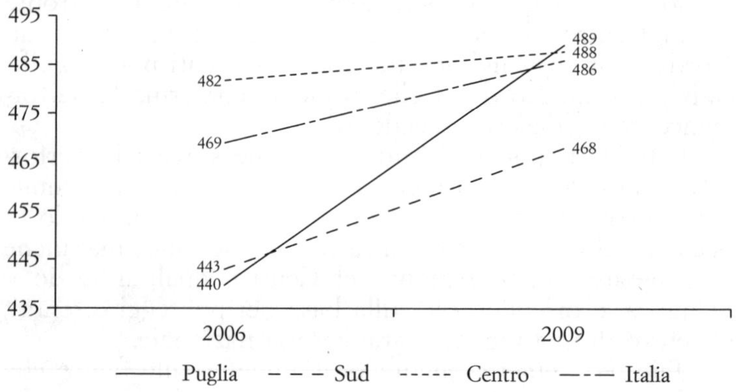

FIG. 2. Punteggi medi in *literacy* in lettura: confronto anni 2006 e 2009.

Fonte: Base dati Ocse-PISA 2006 e 2009, elaborazioni USR Puglia.

Il dato che sorprende di più è il notevole passo in avanti compiuto dalla Puglia, che è senza dubbio superiore al miglioramento fatto registrare da tutte le altre regioni, ovviamente in termini di confronto con le pre-

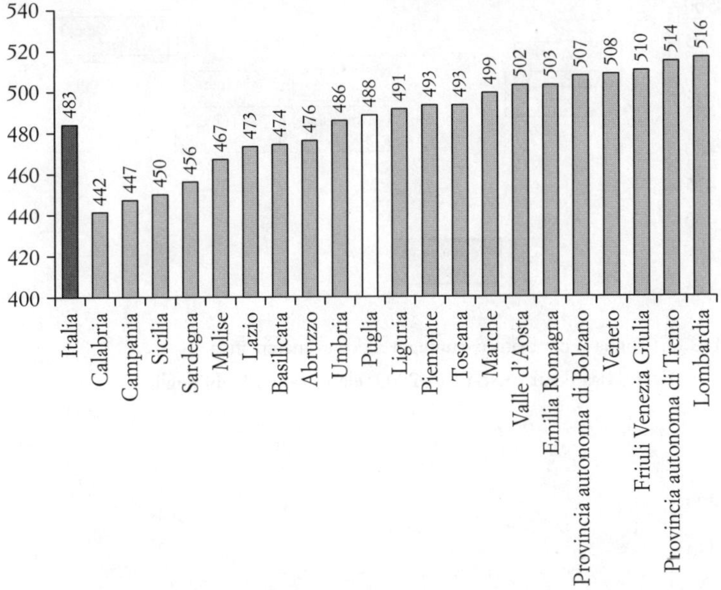

FIG. 3. Punteggi medi in matematica per regione in ordine crescente.
Fonte: Base dati Ocse-PISA 2009, elaborazioni USR Puglia.

cedenti edizioni della medesima rilevazione. In lettura la Puglia passa da 440 a 489, guadagnando 49 punti (fig. 3).

Le stesse considerazioni valgono anche per la *literacy* in matematica e di seguito per la *literacy* scientifica.

In matematica la media della Puglia è di 488, con una media italiana di 483 e una media Ocse di 496. Anche questa volta, grazie al suo punteggio, la Puglia si colloca al centro delle regioni italiane, supera la media dell'area Centro, che pure cresce rispetto alla precedente edizione, guadagna 53 punti rispetto all'analoga rilevazione del 2006 (figg. 4, 5 e 6).

Il punteggio medio riportato dal campione pugliese in scienze è di 490, superando la media di otto regioni

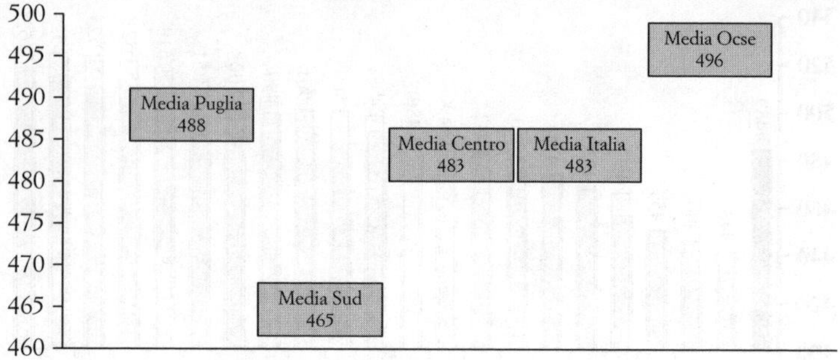

FIG. 4. Puglia a confronto: punteggi medi in matematica.

Fonte: Base dati Ocse-PISA 2009, elaborazioni USR Puglia.

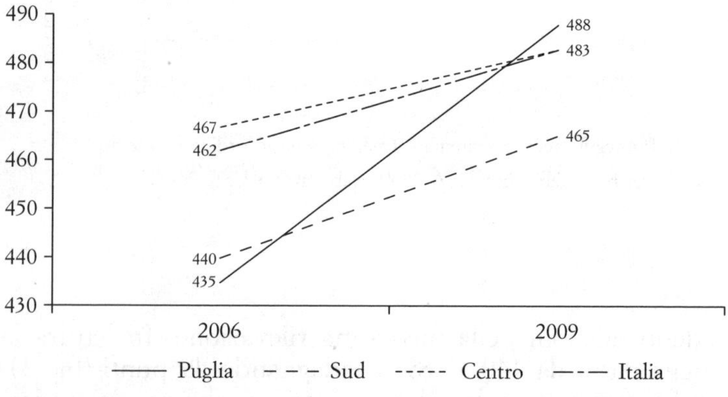

FIG. 5. Punteggi medi in *literacy* matematica: confronto anni 2006 e 2009.

Fonte: Base dati Ocse-PISA 2006 e 2009, elaborazioni USR Puglia.

e allineandosi sulla media italiana, che è di 489 punti. In quest'ultimo campo d'indagine la Puglia guadagna 43 punti rispetto alla precedente edizione (figg. 7 e 8).

So bene che questi risultati lasciano perplessi, in quanto sembra impossibile che in soli tre anni si siano

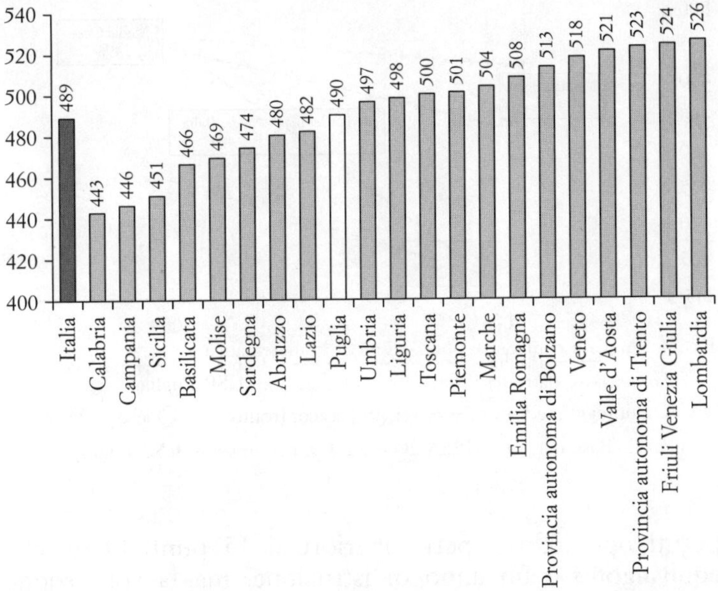

FIG. 6. Punteggi medi in *literacy* scientifica per regione in ordine crescente.
Fonte: Base dati Ocse-PISA 2009, elaborazioni USR Puglia.

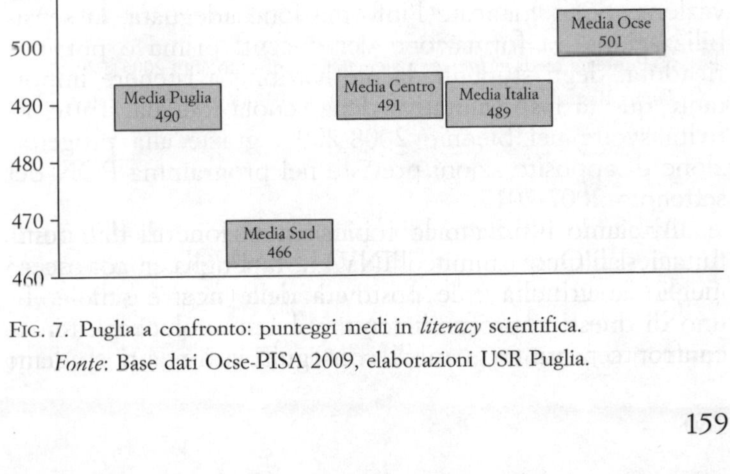

FIG. 7. Puglia a confronto: punteggi medi in *literacy* scientifica.
Fonte: Base dati Ocse-PISA 2009, elaborazioni USR Puglia.

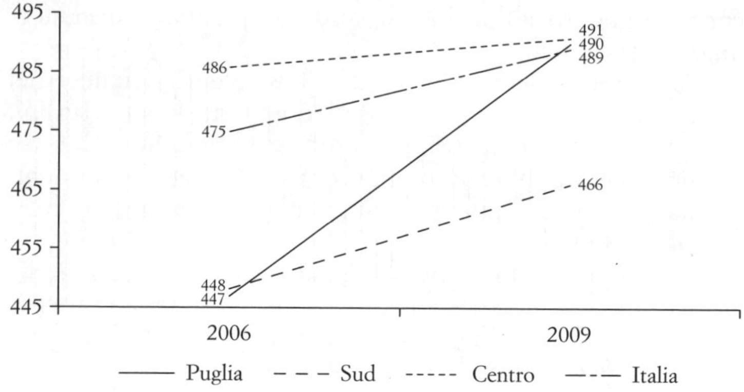

FIG. 8. Punteggi medi in *literacy* scientifica: confronto anni 2006 e 2009.

Fonte: Base dati Ocse-PISA 2006 e 2009, elaborazioni USR Puglia.

potuti operare recuperi superiori ai 35 punti Ocse, che equivalgono a un anno di istruzione, ma la spiegazione è rinvenibile in un doppio ordine di fattori. Primo, nel 2006 abbiamo avuto un campionamento per macroaree e non per regioni, fatta eccezione per quelle poche regioni del Nord che lo hanno richiesto assumendosene gli oneri, e quindi i punteggi di partenza per la Puglia sono presuntivamente enucleati dai punteggi dell'area Sud. Secondo, fino al 2006 nessuno ha mai preparato le scuole del Sud ad affrontare e superare con dignità le prove della rilevazione. Sono mancate l'informazione adeguata, la sensibilizzazione, la formazione dei docenti prima e poi, per ricaduta, degli studenti, la motivazione a ritenere importante questa fase valutativa della scuola italiana. Tutte attività svolte nel biennio 2008-2009, grazie alla progettazione di apposite azioni previste nel programma PON del settennio 2007-2013.

Abbiamo utilizzato la copiosa dotazione di dati restituitaci dall'Ocse tramite l'INVALSI per poter conoscere meglio le criticità e le positività delle nostre scuole. In uno di questi approfondimenti, abbiamo voluto mettere a confronto i punteggi medi conseguiti dai nostri studenti con riferimento all'ordine di studi frequentato (licei, tecnici, professionali).

Abbiamo così accertato che gli studenti dei licei nei punteggi medi superano sempre quelli degli altri ordini, giungendo alla conclusione piuttosto scontata che, se avessimo avuto un campione composto solo di studenti liceali, avremmo superato la media Ocse in tutti e tre i campi d'indagine.

La nota dolente di questa analisi è stata accertare che la media dei licei della nostra regione, in lettura e ancora di più in matematica, è inferiore alla media dei licei italiani, laddove invece i nostri istituti tecnici hanno riportato punteggi che superano la media dei tecnici italiani, come i professionali, che sono allineati con i risultati dei professionali del resto d'Italia.

Ci siamo anche impegnati in uno studio dei livelli di competenza accertati negli studenti, secondo la scala docimologica dell'Ocse, che fa corrispondere al livello 1 il giudizio di insufficienza, ai livelli 2-3-4 i giudizi di sufficienza graduata e ai livelli 5 e 6 i giudizi di eccellenza. È stato confortante rilevare che le percentuali di studenti pugliesi collocate nei livelli di insufficienza sono il 17,5% in lettura, il 22,4% in matematica e il 18,8% in scienze, a fronte di un traguardo fissato dall'Agenda di Lisbona 2020 del 15% e di una media Ocse che attualmente è ferma al 18,8% in lettura, al 22% in matematica, al 18% in scienze. Naturalmente il maggior numero di studenti è collocato nei tre livelli da 2 a 4, mentre le percentuali tornano a farsi basse per i livelli di eccellenza.

In lettura i licei fanno registrare un 8% di eccellenza che sovrasta il 2,8% di insufficienti, i tecnici un 1,4% a fronte del 15,6% di insufficienti, seguiti dai professionali con lo 0,4% di eccellenti e il 47,3% di insufficienti. In scienze, la regola che premia l'azione formativa dei licei mostra qualche cedimento: il 7,1% di eccellenti nei licei fronteggia l'8,6% di insufficienti, mentre nei tecnici gli eccellenti sono il 5,2% a fronte del 14,4% di insufficienti e nei professionali solo lo 0,5% contro un 42,8% di insufficienti. In matematica, ad una quasi parità di insufficienti nei licei e nei tecnici (14,1% nei licei e 16,3% nei tecnici), le eccellenze dei tecnici superano quelle dei licei (12,9% dei tecnici rispetto a 9,5% dei licei), mentre resta sempre squilibrato il rapporto nei professionali, dove si registrano il 45,4% di insufficienti e appena il 4,2% di eccellenti.

Abbiamo ritenuto opportuno operare questi approfondimenti per una migliore conoscenza del sistema scolastico, che ci consenta un'adeguata azione di *governance*. La domanda che mi viene normalmente posta, ogni volta che snocciolo i risultati Ocse della scuola pugliese, è come la Puglia abbia potuto raggiungere questi livelli, quali ne siano le cause. Senza dubbio il primo fattore di miglioramento va individuato nel «Piano operativo nazionale (PON) Scuola», che ha concentrato negli ultimi sette anni (2007-2013) gran parte delle risorse finanziarie sulle misure per sviluppare le competenze di base degli studenti.

I fondi europei da molti anni aiutano le scuole delle regioni dell'Obiettivo Convergenza, ma se nella precedente programmazione erano frammentati e dispersi su vari obiettivi, dal 2007 si sono concentrati su tre priorità, fra le quali prevale il miglioramento delle conoscenze e competenze dei giovani scolarizzati. Le scuole pugliesi, nella quasi totalità, sono risultate particolarmente attive nell'accedere a questi fondi con progetti integrati, che sono stati autorizzati dall'autorità di gestione e puntualmente conclusi, con degli scarti minimi. Questo ha significato un aumento progressivo dei fondi, di cui il sistema scolastico pugliese ha saputo beneficiare, in aggiunta alle risorse nazionali, dal 2007 ad oggi, passando da 12.846.299 euro a circa 53.700.000 euro e coinvolgendo un sempre maggior numero di studenti.

Dunque i risultati della Puglia sono unicamente il frutto di maggiori risorse investite nella scuola? In parte sì, ma non solo. Perché la connessione tra risorse aggiuntive e migliori apprendimenti non è automatica, ma passa attraverso una gestione virtuosa dei fondi, mirata all'obiettivo e non distratta da altri interessi più materiali e personalistici. Tant'è che il balzo in avanti fatto dalla Puglia non ha eguali nelle altre tre regioni che beneficiano degli stessi fondi.

E allora, il successo raggiunto potrebbe rallentare il flusso dei fondi europei? Per giustificare queste risorse aggiuntive che derivano da due fondi europei, FSE (Fondo sociale europeo)-Competenze per lo sviluppo e FESR (Fondo europeo per lo sviluppo regionale)-Ambienti per l'apprendimento, occorre prestare attenzione a quanto dichiarato nelle ricerche nazionali e internazionali sul divario esistente fra le scuole nelle diverse aree del paese. Nel *Rapporto sulla scuola in Italia 2010* della Fondazione Agnelli, è evidenziato che essere uno studente del Sud significa partire con uno svantaggio di 68 punti nelle competenze misurate da Ocse-PISA, l'equivalente di oltre un anno e mezzo di ritardo scolastico, rispetto ad uno studente del Nord, indipendentemente dalle caratteristiche individuali e dalla scuola che si frequenta.

Sono il contesto, la tradizione culturale, la ricchezza del territorio, l'attenzione degli enti locali e delle istituzioni, la maggiore o minore infiltrazione nel tessuto sociale delle organizzazioni criminali, a segnare la differenza. Dunque queste risorse aggiuntive sono necessarie, sia perché la scuola del Sud recuperi i 68 punti di divario strutturale di uno studente del Sud, ma anche per compensare i 1000 euro di investimento in meno che differenziano uno studente del Sud dal coetaneo del Nord, altro dato significativo evidenziato in una recente ricerca della Banca d'Italia.

Fare parti uguali fra diversi, come diceva Don Milani, è un'iniquità. Occorre permettere alla scuola del Sud di poter competere, alle stesse condizioni della scuola del Nord, e questo diventerà possibile quando i livelli di apprendimento degli studenti saranno allineati sugli stessi valori, qualunque sia il territorio di residenza o il ceto sociale di provenienza. Finalmente la scuola riuscirà a risolvere la «Questione Sud» che affligge l'Italia fin dalla sua unificazione.

Ma come abbiamo già detto sopra, non bastano risorse aggiuntive se non accompagnate da una elevata capacità gestionale degli istituti scolastici, alimentata da una *governance illuminata* dell'amministrazione scolastica, che non si rivolge più alla scuola utilizzando un linguaggio solo amministrativo e burocratico, ma facendo leva sulle «tecniche emozionali».

L'ufficio scolastico regionale della Puglia si è impegnato moltissimo su questo fronte, creando molteplici occasioni di incontro con le scuole, nelle quali sono state evidenziate le opportunità che venivano loro offerte, in termini di strutture e di potenziamento dell'offerta formativa, e che le potevano rendere protagoniste del loro miglioramento, ragioni queste per cui non dovevano assolutamente lasciarsi sfuggire questa occasione.

Abbiamo fatto un patto:

> Noi vi sosterremo sempre durante tutto il percorso, quando voi progetterete, quando incontrerete delle difficoltà cercheremo di aiutarvi a risolverle, alleandoci con tutti i soggetti del territorio interessati a far crescere la nostra Scuola e aprendo un canale diretto di comunicazione con l'Autorità di gestione nazionale, vi accompagneremo anche nell'autorizzazione di questi progetti e poi vi monitoreremo quando passerete alla fase dell'attuazione perché tutto il processo si possa concludere regolarmente e nei termini prescritti. Potrete sempre contare sul nostro aiuto, perché vogliamo sentirci con voi protagonisti del destino e della storia di questo territorio. Se riuscirete ad offrire un servizio più efficace e più equo, avrete realizzato la vostra *mission*, ma al tempo stesso avrete giustificato la nostra funzione che si realizza come servizio alle scuole.

Le nostre scuole ci hanno risposto positivamente.

Questo processo di accreditamento reciproco ha prodotto gli effetti voluti, ma anche un valore aggiunto: la scuola ha cominciato ad aver fiducia in se stessa e a non temere più le valutazioni. Innanzitutto ha voluto conoscere le procedure di valutazione, tant'è che nei corsi di aggiornamento in preparazione della rilevazione Ocse 2009 sono stati più di 20.000 i docenti pugliesi che vi hanno partecipato con grande determinazione e responsabilità e che hanno inserito nel loro strumentario didattico le prove simulate.

L'ultima rilevazione INVALSI, di maggio 2011, non ha fatto registrare alcuna contestazione nel nostro territorio, al contrario di quanto è avvenuto in altre regioni, con grande meraviglia dei giornalisti locali.

In conclusione, per fare una scuola buona occorrono tre ingredienti:

– l'autonomia scolastica, come capacità di scegliere e costruirsi un proprio progetto di istituto in cui tutti gli operatori si riconoscano, sentendosene responsabili;

– un'amministrazione scolastica che creda nella qualità della sua scuola e che sappia condividere e agevolare il processo formativo che nella stessa si realizza;

– la valutazione del sistema, necessaria per conoscere, per valorizzare e per governare.

GLI AUTORI

LUCIANO ABBURRÀ, responsabile Area Politiche Sociali, IRES Piemonte.

NORBERTO BOTTANI, membro del Consiglio direttivo della Fondazione per la Scuola della Compagnia di San Paolo, Torino; già alto funzionario Ocse ed ex Direttore dello SRED, Ginevra.

DANIELE CHECCHI, professore di Economia politica all'Università di Milano.

PIERO CIPOLLONE, Executive Director World Bank ed ex presidente INVALSI.

ERIC HANUSHEK, Hoover Institution of Stanford University.

OLAF KOELLER, direttore del Leibniz Institute for Science and Mathematics Education (IPN).

MELANIA RUDIN, coordinatrice del TREE Project (Transitions from Education to Employment).

ANDREAS SCHLEICHER, Head of the Indicators and Analysis Division – Directorates for Education – Oecd.

MARIA TERESA SINISCALCO, consulente nel campo della ricerca educativa, responsabile nazionale italiano di PISA 2003 e collaboratore dell'INVALSI per la messa a punto delle prove di competenza di lettura.

LUCREZIA STELLACCI, capo dipartimento per l'istruzione al Miur, già direttore dell'Ufficio scolastico regionale per la Puglia.

Finito di stampare nel mese di novembre 2012
presso le Arti Grafiche Editoriali Srl, Urbino
DTP: CentroImmagine – Lucca